中國青銅器全集

中國美術分類全集

12

秦漢

中國青銅器全集編輯委員會編

《中國青銅器全集》編輯委員會

凡例

一　《中國青銅器全集》共十六卷，主要按時代分地區編排，力求全面展示中國青銅器發展面貌。

二　《中國青銅器全集》編選標準：以考古發掘品爲主，酌收有代表性的傳世品；既要考慮器物本身的藝術價值，又要兼顧不同的器種和出土地區。

三　本書爲《中國青銅器全集》第十二卷，選錄秦漢時期青銅器精品。

四　本書主要內容分三部分：一爲專論，二爲圖版，三爲圖版說明。

目錄

圖版説明

秦漢青銅器概論

俞偉超

研究中國青銅器的傳統，北宋末以來一直以三代至漢爲基本的時間範疇。這套《中國青銅器全集》承此傳統，把古代稱爲「四裔」的那些族群的青銅器以及「銅鏡」列爲專目，單獨成卷，主體部分十二卷即以秦漢爲末卷。如和三代青銅器相比，秦漢青銅器已失去了從前那種居于文化中心地位的光彩，却以質樸的氣息，開始了寫實的傳統，反映出一種新的時代精神。正是由于這些新特點，秦漢青銅器仍是中國古文化中的重要內容，古代藝術中的瑰寶。

一

在中國古代青銅藝術的發展總過程中，夏、商、西周三代和秦漢時期，特别是漢武帝以後，分屬于兩大階段。中間的東周時期，其實還應包括漢初，是過渡階段。三國以後，銅器的主體已基本成爲日常用品，自然不再是研究古代文化和藝術的重要內容。

爲理解秦漢青銅藝術的特點，當同以前的情況作比較，先説明三代青銅器的歷史地位。從總體看，三代青銅器正集中反映了當時文化的中心內容和達到了當時藝術的最高水平，是我國青銅藝術的繁榮期。

這可以從四個方面加以説明。

第一，三代青銅器是當時生產技術最高水平的代表物。中國的青銅時代現在已可確定就是夏、商、西周。在這個時代，青銅冶鑄當然是最高技術，青銅器是最重要的人工製品。而且青銅的性能又宜于作出各種形態及精緻的裝飾，人們一定會傾注大量心血，做出一批又一批的貴重的藝術品，使青銅器成爲三代文化的精華所在。

第二，三代青銅器中的禮樂器，又是當時精神信仰的集中表現物。歷史上，在真正的宗教形成以前，人們普遍信仰原始巫術。三代之時同全世界其他地區文化發展程度類似的社會一樣，存在着薩滿教式的巫術信仰。那時正如《左傳·成公十三年》所言：「國之大事，在祀與戎」，進行各種祭祀活動被認爲是頭等大事。三代祭祀的對象是以天地、山川和祖先爲主，并皆用青銅禮樂器作爲溝通天地和人神關係的「法器」性質的用物，從而在器上鑄出詭秘的神鬼圖像。這種信仰是當時文化的核心。青銅禮樂器既要適應，又要體現出這種信仰。器上實現的藝術表現，一定貫注了製作者最强的情感，必然成爲當時最高水平的藝術品〔一〕。

第三，三代的青銅禮樂器還是社會關係中宗法制度、等級制度、五等爵制度的反映物。夏代開始，西周更爲完整和典型的親屬制度，是從原始氏族制發展而來的宗法制。這套親屬制度爲同一族群內的嫡長制，其直系繼承關係百世不斷，是爲大宗；其他旁系爲小宗，以五世爲界限，超此界限，另立小宗。在宗法制度下，此時還有一套嚴格的等級制度，各種等級又有相應的禮俗，實際即法律正式形成以前的一種不成文法，人人必須遵守。五等爵制度則是天子分封諸侯中存在的一種諸侯級別。

夏、商、周族源不同，禮俗必有差別。但《論語·學而》則謂：「殷因于夏禮，所損益可知也。周因于殷禮，所損益可知也。其或繼周者，雖百世亦可知。」孔子既然認爲三代之禮的體系基本以繼承爲主，總體面貌應該是差不多的。

其中，周人之禮因在「三禮」等古籍中留下了不少記載，可與考古發現對照比較。據已有研究，可以確定西周之時實行着天子、卿、大夫、士、庶人的等級制度以及公、侯、伯、子、男的五等爵制度，各有其使用禮樂器的規格。這種等級制度和爵制是當時社會關係的典型表現，青銅禮樂器的使用情況即能反映出這種制度，可見這種禮樂器又是三代文化的另一核心內容〔二〕。

第四，三代王朝已普遍使用青銅兵器，既能説明青銅冶鑄業的發達，又反映出軍事力量要比周圍其他還不能普遍使用青銅器的族群要强大。這種武力基礎和其他因素的結合，使得三代王朝能够征伐四方，擴大疆域，文化影響愈來愈遠，促成了中國文化傳統的真正形成。三代文化成爲中國文化傳統起點是極重要的歷史現象，而青銅兵器的發達正是造成這一結果的原因之一。

以上四點，充分説明了三代青銅器的歷史特點。就其在當時文化中所占地位的重要性而言，可以認爲在全球青銅文化中也是最突出的。

三代以後，東周青銅藝術是向漢武帝以後的新階段過渡的時期。這時期發生的變化，也可概括成四大方面。

第一，平王東遷後，因文化衰落，列國文化，特别是曾經稱霸的强國文化，相繼發展成獨立性更大的文化。這尤如春秋中期以後的晉文化、齊文化、燕文化、秦文化、吴和越或吴越文化等等，都已是并存的各支獨立文化，周文化本身反而成爲附庸性質的文化。戰國時的燕、齊、三晉兩周、秦、楚、越是更具獨立性的六大文化。一致性減弱和區域性加强是三代和東周青銅器一望即知的醒目差别。

第二，春秋以後，西周時期的等級制度和五等爵制日趨崩壞，戰國時秦國率先形成以軍功爲基礎的二十等爵制。其他列國也先後發生類似變化。原有的禮樂器使用制度隨之更加紊亂，青銅器慢慢失掉從前那種至尊無上的地位，爲日後向日用器物的轉化準備了條件。

第三，三代的巫術信仰，東周以後走向衰微，而自春秋晚期起，諸子百家學説興起。諸子之説，來源不同，思想各異，但都是論述應該如何看待和處理各種人間事物。人們的精神面貌已逐漸從專注于神鬼世界向人間轉化；青銅器上過去那種到處都在的神鬼圖像，慢慢變爲人間事物的描繪；當然還主要是各種禮儀活動的場面。即使是裝飾性的圖案，也在減弱其神秘色彩。

第四，自兩周之際冶鐵術在中國發生後，青銅冶鑄就日復一日地失去了從前所占生産技術中最先進的地位，青銅器的高貴性日漸下降。不過，鐵器時代的來到，促使人們的各種生産技術得到全面提高。在青銅器的製作中，失蠟法、模印花紋或模印銘文、錯嵌紅銅或錯嵌金銀、鎏金銀、細線刻鏤等新工藝相繼興起，使得青銅工藝在春秋中期後曾出現一個新高峰。但與此同時，漆器工藝也成熟起來，輕巧、美觀、絢麗的漆器正在進入貴族、官吏的生活領域，逐漸

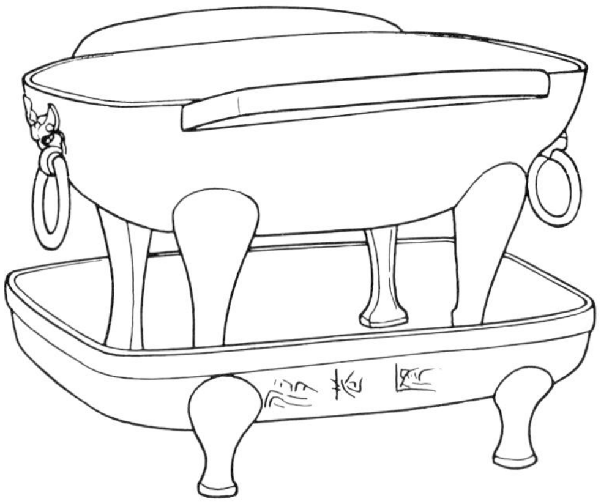

陝西咸陽出土偖武府温酒爐

在排斥銅器。這種漆器和銅器相比，各有勝色。如作祭器，凝重的銅器更具莊嚴氣息；如爲日常使用，輕便的漆器更爲美麗。所以，在日用器皿方面，漆器取代銅器的速度要快些。但即使是神聖的禮樂器，至戰國時期禮樂制度的進一步崩壞，加上戰爭對經濟破壞的加劇，到戰國晚期亦已顯著地衰敗下去。

總之，東周的青銅器正在一步步地失去過去的特有地位，變化較多，衰落在加速。這在戰國晚期尤爲明顯。如綜觀全局，這個過渡階段可一直延伸到漢初。

二

秦王朝歷時僅十五年，留下的青銅器不多，但却出現了相當的變化。

在戰國時，秦與東方六國的文化傳統不一，青銅器風格有別，使用制度也有差異，因而在秦征服六國後，秦人青銅器的使用制度和器物特點對各地發生了普遍影響，六國故地往往突然中斷原有傳統，出現許多秦文化的因素。

在這十五年期間，如就精工細藝來説，很難説有新進步；但秦文化中追求浩大氣勢的長期傳統，此時却因統一六國後的國力强大，幾乎發揮極致。在青銅器方面，竟然製出形體大到難以想像程度的鑄品，創造了當時世界的奇跡！

這當然首先是指「金人十二」。《史記·秦始皇本紀》載，秦始皇兼并天下後，「收天下兵，聚之咸陽，銷以爲鍾鐻、金人十二，重各千石，置廷宫中」。「鍾鐻」爲編鐘及其鐘架，「金人」爲大銅人，「千石」按秦時衡制計算（每斤約二百五十克，每石一百二十斤），折今三萬公斤左右[三]。銅的比重爲每立方厘米八點九二克，三萬公斤的體積爲三千二百五十一立方分米，即三立方米左右，如鑄成一個空心的大銅人，高度應在五至六米左右。要在兩千多年前鑄成這樣的大銅人，當然非常困難。但《史記》所説「千石」，只是約數，而古人在使用這種巨大的約數時，通常帶誇張性，況且還可能先分段鑄出再拼合成一體，這樣的銅人體積自然可以大于一次鑄成的物體。比「金人十二」要早出千餘年的廣漢三星堆大銅人，高達二點六二米，如果考慮到上述的幾種可能，在三星堆大銅人千年之後鑄造出還要高一倍以上的銅人也不是沒有可能的。所以即使今天無法推知「金人十二」的真正高度，那時曾有空前高大的銅人問世是可以肯定的。

一九八〇年冬在臨潼始皇陵西側外藏坑內發現的兩輛大型銅車馬明器，表示出秦代確實製作了形體極大的銅器。

兩件銅車馬的大小約爲實際車馬的一半。一號銅車馬爲駟馬立乘的兵車，車廂上立傘蓋，御人一身佩長劍，立乘挽轡，通車馬長二二五、高一五二厘米。二號銅車馬是駟馬輜車，車廂四周封閉，其門在後，頂蓋作四注式傘狀，御人一坐乘持繮。兩件銅車馬從車廂的細部結構、馬身裝飾到車馬的通體彩繪，都惟妙惟肖地模擬實物。如二號銅車馬竟由三千多個部件組成，雖經長年瘞埋，車廂門窗猶可開閉自如，牽動轅衡還能帶動輪軸，顯出了工藝技術的精湛。其藝術表現手法，則無論是駟馬、御人乃至車廂外形及其細部結構，都做到高度逼真，遠遠强于以前的模仿能力；而駟馬健壯體魄所示飽滿精神和御人臉上神情隱含的恭順心態，又反映出創作這些青銅雕像時，在做到形似後還在追求神似。總起來説，力求青銅製品的形體高大和藝術創作的現實主義風格，是秦代青銅藝術的兩大優秀的、歷史的特點；換言之，也是秦人文化傳統中那種宏大氣魄在統一局面形成後力量空前充分時的一個終結性的表現㈣。

秦代青銅器的另一特點是在更廣闊的空間範圍內，不再沿用傳統的禮樂器制度。

春秋時，秦人還是按照「周禮」制度而嚴格使用青銅禮器；但在戰國末至秦代，在秦人的控制區內，却不再見到這種情況。這一變化究竟發生于何時，因戰國時的秦國大墓至今尚未發掘到，還不得其詳；但這一變化的起端，大概還是商鞅變法。因爲「周禮」雖自春秋以來就日益松弛，可是直至戰國末，除秦國外，各國并未在這方面實行徹底變化；而商鞅的變法主張，如果不包括要根本改變傳統禮制，恐怕不至于最初就被魏惠王嚴拒，也不至于要經過四次説服才得秦孝公的許可。

作出這種推測的根據，目前還只是反證。例如許多東方列國的戰國中、晚期的大墓，依然存在着成套青銅禮器；而這在秦國，却并未見到，一些秦代前後的大墓，又明顯表現出傳統的禮器制度已遭破壞。

一如河南陝縣後川的二〇〇一號墓。此墓出土秦半兩三十四枚，墓底尺寸爲四點九五×三點四四—九點三〇米，槨外積石，依此規格，如實行傳統禮制，至少應有銅五鼎隨葬，但所出銅器僅有素面的鼎、鈁各二件和甗、盆、勺、燈、竹節形器、蒜頭壺、鏡各一件，鼎、鈁、甗已混同日用器皿，看不到成套禮器〔五〕。此地在戰國中期前相繼被韓、魏所占，秦昭襄王時入爲秦地，到了秦代前後，入秦已久，此時具有典型的秦文化面貌是很自然的。

二如成都羊子山一七二號墓，亦爲同于上墓規格的秦代木槨墓。隨葬品中的銅鼎爲楚式大鼎一（鑊鼎）、秦式小鼎二，還有大量蜀式兵器。這裏在秦昭王時已被秦人占領，但蜀人後裔仍長期爲主要居民。此墓主人當爲蜀人後裔，但其文化面貌，已大受秦文化影響，基本按照秦制隨葬銅鼎，并可爲解釋後川秦墓的用鼎情況作旁證〔六〕。

以上兩例都説明了傳統禮制至秦代已遭根本性破壞，但在各地的表現當然是不平衡的。洛陽西宮曾出成組銅器爲鼎（一件）、盛（一件）、壺（二件），盛上帶標準的秦代小篆「軌」字銘文，時代可確定。此地戰國時爲西周君所轄，看來周人原有傳統在此地延續得比其他地方要牢固些，所以還沿用舊制來隨葬銅器〔七〕。

秦器的形態從戰國中期起就大受三晉之器，特别是魏器影響。例如銅鼎，迅速從原來的淺腹、無蓋、立耳、肥足變爲深腹、半圜蓋、附耳、中足之形；銅壺亦從方腹變爲圓腹。秦、魏相鄰，相互之間本就容易發生影響，但影響總是像水從高處向低處流那樣，發展程度高的總是容易影響發展程度較低的。在戰國中期以前，無論是文化整體或是青銅工藝，魏國都要高于秦國，秦國受魏國的影響自然會多一些，例如後來使秦國迅速强大起來的法家思想，就是從魏國傳到秦國的。秦器大受魏器影響就是在這種背景下發生的，因此秦代銅器和戰國魏器在其形態的源流上也就存在着共同性。

另外，自公元前四世紀秦滅巴蜀後，秦人就同長江流域的文化發生更多接觸，長江流域以釜爲炊器的傳統，很快就影響爲秦器中鍪的出現和流行。秦器中幾乎同時出現的蒜頭壺（包括扁壺），也當是受其他文化的影響而產生的。這些器物，在秦軍陸續占領的東方六國之地也經

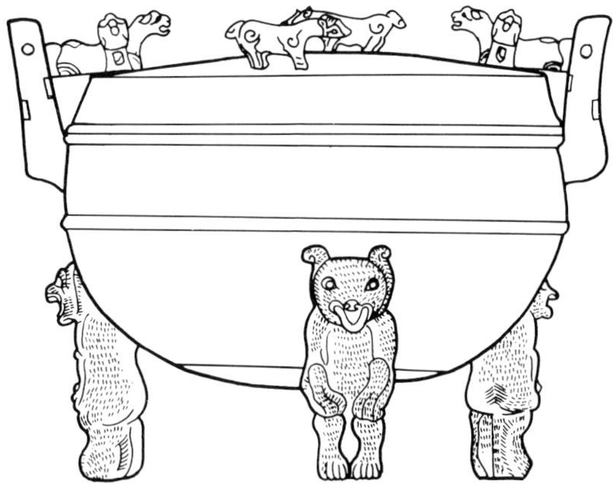

河北滿城出土獸鈕熊足鼎

常出現，并成爲判斷是否爲入秦以後的遺存的重要根據，并一直延續到秦代乃至漢初。

綜上所述，三代以來青銅器的傳統至秦代已完成了根本變化。如果這個變化趨向繼續延續下去，肯定將形成一種以秦代銅器爲基礎的青銅器新傳統。但秦人統治時間太短，陳勝、吴廣、項羽、劉邦的推翻秦朝，改變了這個趨向的進程，青銅藝術是以另一種形式走到下一階段。

三

取代秦文化的漢文化，要經過六七十年至漢武帝時才形成完整形態；漢代初期原有的秦文化和東方六國文化正處在重新組合的狀態下。

漢初全國的官制、郡縣制、二十等爵制、錢幣和度量衡制度皆承自秦制，這加强着文化的統一性。例如各地瓦當亦基本爲承自秦式的卷雲紋圖案。

但社會思潮的主流却承自楚地。戰國時楚地流行老莊思想，主張清静無爲，早期的巫術信仰也殘存較多。戰國時齊地又出現了黄帝之神的信仰（見齊威王時陳侯因資敦銘文），這當與東方沿海地區出現的鄒衍五行之説和入海求仙藥的活動有關。漢初這兩種思想體系結合起來，成爲黄老之學，并因適應休養生息的需要，成爲社會的主流思潮。馬王堆漢墓的帛書，説明漢初的楚地正盛行黄老思想；劉邦等西漢王朝的建立者正多三楚之人，大概也和漢初盛行黄老思想有一定關係。

但就社會的生活習俗而言，在多數地區内，六國文化的遺風却立即復蘇起來。秦人在征服六國的過程中，凡力量所達之處，又要求在許多生活習俗，諸如葬俗等方面，服從于秦文化。這當然會産生極大的反抗情緒。所以一當秦王朝被推翻，六國遺民就立即恢復原有的習俗，例如隨葬品制度；當然已不會像從前那樣嚴格。一些仍集中居住的秦人後裔，則還固守原有傳統，直至漢武帝時期。

在這種多元結構的文化背景下，漢初的青銅藝術呈現出很複雜的情況。其一是各地因爲已

陝西咸陽徵集館陶家四聯鼎

處在西漢王朝的統一管轄下，文化交流比戰國時方便，文化面貌的一致性就要强一些。其二是原來的六國舊地都在一定程度上恢復了原有文化傳統，特别是在中央朝廷直接控制的十五郡以外。只是原本是秦文化墓地的隴東至關中一帶，因秦王朝的被推翻，却一下子變爲漢文化最主要的形成地。其三是西周以來的青銅器鑄造和使用制度，因井田制、宗法制、世卿世禄等制度的逐步解體，至東周時已日益走上崩壞的道路，又經秦代的進一步摧毁，至漢初已缺乏恢復的基礎。這樣，所謂漢初的六國文化復蘇，主要只是指一些銅器的器别及其形態，如就青銅器的組合而言，則傳統禮器的種類已經大減，主要只有鼎、盛、壺、鈁、甗等并常和日用器皿混雜在一起隨葬，原有那種禮器使用的嚴格性顯然在減弱。

各地所出漢初銅器，基本爲素面（「四裔」之地不計入）。其鼎主要承自秦式，但一般講三足更矮些。因戰國中期以後的秦式鼎本是出自魏式，所以漢初鼎的形態也可以説是源出三晋，同此時六國文化復蘇的趨勢没有衝突。盛作盒形，戰國晚期出現并迅速流行，是從敦變化過來的。壺有大小二型并存。大型的亦主要是承自秦式而源自魏式，但腹下部略呈收縮之狀，相形之下，即腹部比從前的要鼓出一些。小型的腹部較瘦長，在楚地戰國晚期已經出現，至漢初也比他地多見，而且經常鑄出變形螭紋。銅鈁出現于戰國而漢初更流行，有的做得很講究，通腹有鑲嵌松緑石的變形三角雲紋。銅甗則皆爲釜甑合體形。

秦式的鍪、蒜頭壺、蒜頭扁壺（鉀）繼續流行。其他日用器皿中高燈更爲多見，豆式熏爐突然流行，帶鈎依然是琵琶形、棒形、琴形并存，講究的則多作成錯金銀、鑲嵌松緑石或鎏金的。

此外，這時青銅兵器正在進一步被鐵兵器取代。銅劍、銅戈、銅矛（含戈、矛組成的戟）和銅鏃雖繼續存在，鐵劍、鐵戟、鐵矛、鐵鏃却日增。到下一個時期，銅兵器就已基本被鐵兵器所代替（僅長江下游還常見一種青銅長刀）。

上述各種漢初青銅器的藝術風貌，就其器别、形態或是裝飾花紋來説，還有不少戰國遺風；如就以素面爲主（含弦紋及寬帶紋裝飾）和人物、動物造型愈趨寫實而言，則已開啓了整個漢代青銅器特點之風。綜觀我國青銅藝術的總歷程，可以把三代和漢武帝至東漢末視爲兩大

陝西興平豆馬村出土錯金銀雲紋犀尊

階段，中間是其漫長的過渡時期，漢初即爲這個過渡時期的最末階段。漢初青銅器的藝術風格，也表現出了這一點。

四

西漢中期至東漢早期（即西漢武帝至東漢章帝時）是漢代青銅器最發達的時期，也是漢代青銅藝術最典型的時期。

各時代的藝術都在表現同時代的文化精神，而不同時代又皆由某種特定藝術來表現時代的主要風貌。漢代的青銅藝術已經退出了這個主要位置，但爲了理解這種藝術，仍必須明白形成當時文化總貌的主要基礎是什麼？

從漢武帝時起，完整形態的漢文化已經形成，而所以形成這種文化，以下三大方面是最根本的原因。

其一是自秦代以國家法令確立了土地私有制（《史記·秦始皇本紀》「三十一年」條下《集解》引徐廣注）後，土地兼併現象出現，至漢武帝時一種新的大土地所有制開始漸漸擴大，到兩漢之際已達一定規模。但直到西漢中期，小農經濟還很發達，而這種經濟則爲鐵農具乃至牛耕的推廣準備了社會條件，從而農業迅速發展，人口激增，手工業和商品貨幣關係空前發達，各地文化的統一性因此亦大爲加强。

其二是大批原先由宗法制度維系的世襲貴族，已喪失了傳統的高貴地位，一些過去的平民在漢初成爲新的官吏，他們沒有從前那種貴族的世襲特權，却以本身的勞績作爲升遷的主要原因。但一當進入新的官吏集團以後，又因其權力而占有大片土地，等到大土地所有制成爲社會穩定的一種經濟基礎之後，世代占有大片土地的家族就形成了新出現的宗族制度。這就是説，從前的宗法制度是建立在土地公有制基礎上的一種人們氏族關係的表現，而漢代形成的宗族制度是建立在大土地所有制上的一種人們家族制度的表現。人們的親族關係發生了這種變化，自然亦引起觀念形態以及青銅藝術的相應變化。

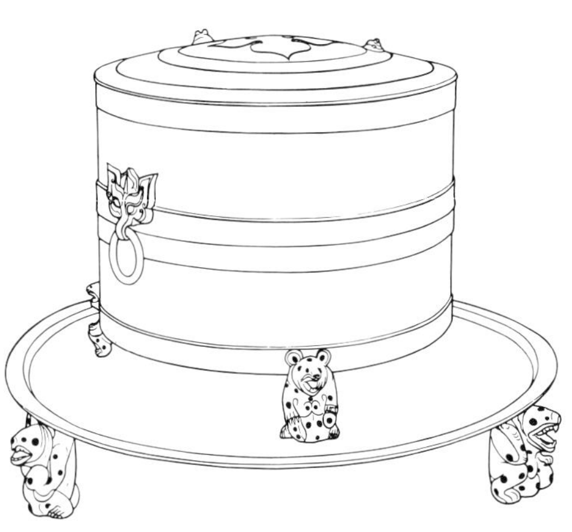

故宮博物院藏建武廿一年乘輿樽

其三是自漢武帝時起，出于穩定新出現的大土地所有制和宗族制度以及國家大統一局面的需要，以儒家學説爲基礎，由董仲舒提出的「天人感應」世界觀和「三綱五常」道德觀，成爲直到漢末，乃至更長時期的社會主流思想。這是漢武帝以後漢代藝術主題中潛藏的精神核心，青銅藝術也在一定程度上含有這方面的內容。

在兩漢時期，其銅器主要由三種性質的作坊鑄造。一是都城長安、洛陽的中央朝廷內少府屬下的考工（東漢改屬太僕）與尚方的作坊，專供禁中用物（含各地離宮、時廟、陵寢用器）和兵器中的弩機銅廓〔八〕，有些製品則被賜給皇室親屬或其他高官而散至各地。這種少府製品，多以一系列督造官吏的題名銘文爲標誌，但有一批上林苑使用的銅鼎、銅鑑，只有「工某」題名，應當也是考工或尚方鑄器。二是設在郡縣却由中央朝廷任命管理官吏的工官作坊。凡工官，所製物品有好多種，但銅器必爲其一。其產品，有的上供朝廷，有的則運銷四方。三是各地的私手工業作坊，生產之物主要是商品。

銅器鑄造中的私工作坊要到戰國才逐漸發展起來，所以直到西漢中期至東漢早期官工產品還占很大比重。就少府銅器來説，在西漢晚期時鑄造量大增。據傳世銅器銘文可知，在成帝陽朔元年（前二四年）至鴻嘉二年（前一九年），即曾鑄出重九斤十兩至六十斤（皆西漢衡制，下同）不等的上林銅鼎一千八百五十件。另據西安三橋鎮所出上林銅鑑銘文，又知在陽朔元年至鴻嘉三年還同時鑄出了各重一百數十斤的大銅鑑一千四百九十八件〔九〕。再據傳世陽朔四年考工所作湯官鍾〔一〇〕，同時期少府作坊肯定還鑄造了許多其他銅器。但即使僅就上林銅鼎和上林銅鑑而言，在六七年期間少府作坊竟能鑄出三千三百四十八器，青銅鑄造業至西漢晚期時又已得到巨大新發展是非常明顯的。

西漢所設各地工官，《漢書．地理志》記爲河南郡、河內郡懷、南陽郡宛、濟南郡東平陵、泰山郡及本郡的奉高、廣漢郡及本郡的雒、蜀郡成都。傳世「二年蜀西工」銅酒銗爲武帝于元鼎三年創立年號以前器，作于漢初，但正是《地理志》所錄蜀郡成都工官所鑄。器銘中有長、令史、嗇夫、佐、工諸官吏之名，説明工官銅器和少府銅器一樣，常有督造官吏題名。傳

河北滿城出土楚大官壺

南陵大泉銅鍾〔一一〕，又表示出一些重要的武庫和市府，也是官工銅器的產地，而某地之「庫」鑄造銅器（特別是兵器），正是戰國時就普遍存在的一種傳統。

東漢所設工官，在《續漢書·郡國志》中并未指明地點。但傳世「建武廿一年（公元四五年）蜀郡西工造乘輿一斛承旋」鎏金銅尊和「永元十六年（公元一〇四年）廣漢郡工官」金馬鐵玉刀以及成都天迴山出土「光和七年（公元一八四年）廣漢工官」金馬鐵玉刀，則表明有些重要的西漢工官曾一直延續到漢末。不過一到東漢中期，官府手工業的整體已步入衰落階段，蜀郡、廣漢的工官也在萎縮之中。

然而東漢早期的官府手工業還有相當規模。傳世光武帝「建武卅二年一月（公元五六年）虎賁官冶」銅弩機廓是光祿卿屬下的作坊所作；「建武中元二年七月十六日（公元五七年）東海官司空作銅槃鋗鐙」和明帝永平十八年（公元七五年）「汝南郡八石弩機郭」則爲地方官工所作，或爲工官製品〔一二〕。《郡國志》又載丹揚郡有銅官；另如越巂郡的邛都南山，益州郡的俞元裝山、律高石室山、賁古采山和犍爲屬國的朱提等地都出產銅或銅和錫，附近應有鑄器作坊。但具體情況還只能由地下發現來作證。

關于這時期私手工業經營銅器鑄造的情況，可從一些銅器銘文中得到了解。例如傳世的宣帝元康元年（前六五年）「湯官鼎」銘曰「河東造」，元帝初元五年（前四四年）「敬武主家銅銚」銘曰「河東所造」，永光五年（前三九年）「博邑家銅鼎」銘曰「河東平陽造」，都没有督造官吏題名，可知皆出自私手工業〔一三〕。這種「河東」銅器又在武帝時的滿城漢墓中發現過，如兩件銅鋗分別銘爲「郎中定市河東」和「郎中定市河東，賈八百」〔一四〕。前後五器，當爲同地製作，即「河東」是省稱郡名，「河東平陽」則是郡、縣之名的全稱，作器之地是在「平陽」。其中，滿城銅鋗既明言是買來的，其他數器當然也是買來的。這就更能證明這些銅器是出自生產商品的私手工業。

這個「河東平陽」作坊的重要地位，還可通過銅器使用者的身份而表現出來。滿城銅鋗是武帝時中山王所用，「湯官鼎」爲宣帝時少府屬官所用，「敬武主家銅銚」是元帝之妹敬武長公主所用，「博邑家銅鼎」按照公主食地稱邑之制，或亦爲敬武公主用物〔一五〕。武帝至元帝時

江蘇徐州出土虎鋬盉

有那麼一些中央官府和皇室貴族買來河東平陽銅器，足見那裏的作坊一定是製品精美，名傳四方，從而才能歷久不衰，規模也一定發展得很大。

滿城漢墓所出另一件「中山內府銅鈁」，銘文又記爲「郎中柳市雒陽」〔二六〕。如依上例，所指也是到洛陽的一處私工作坊去買銅鈁。中山國既然曾分頭到平陽和洛陽采購銅器，可見此時銅器的商品銷售活動，至少在中原地區已經發展得相當普遍了。

如果綜合上述內容，就可看到秦漢時期青銅藝術的歷史地位雖已下降，青銅器的鑄造量及其商品化程度，却在西漢中、晚期時發展到隋唐以前的最高峰。

這在工藝技術方面，也有類似表現。此時因藝術需求的變化，儘管素面銅器占據着非常突出的主要位置，但許多富人，特別是貴族高官，大量使用鎏金銀的銅器。不僅是室內器皿，甚至是車馬器也常被通體鎏金。可以想像一下，一當進入放置着許多鎏金銀器皿的堂室或是在道路上望到裝飾着鎏金車馬器的車騎，將是何等富麗堂皇的場面。鎏金銅器中形體最大之例爲興平武帝茂陵陪葬墓隨葬坑所出大型立馬，通長七六、通高六二厘米，神態俊秀，通體金光閃閃，簡直像一尊馬神〔二七〕。

錯金銀技術的使用，也更普遍。戰國至漢初的錯金銀器，多爲小件物品，如帶鈎、車馬器、兵器等，如爲鼎、敦、壺等禮器，體型没有太大的，并很少見。現在則較多地施用于一些較大型的貴重器皿上，如滿城漢墓出土的錯金銀鳥蟲書銅壺和錯金銀博山爐等〔二八〕。最精彩的一件是茂陵附近出土的大型犀尊，長五八·一、高三四·一厘米，遍體有流動性很强的錯金銀變形雲紋，全形模仿獨角犀牛的寫實性和表現粗壯而又笨拙喜人的藝術性，達到了青銅藝術的新高峰。這件犀尊的年代因缺乏相似之例，較難確斷。但既是在茂陵陵墓附近出土，發現時腹內又有東漢五銖，故能推定本是茂陵陵園內的祭器，一直使用到東漢因遇突變而瘞埋地下。這就是説，其鑄造年代大概就在武帝左右〔二九〕。一當時代確定，就可把此器作爲説明青銅藝術至西漢中期又進入一個新階段的典型例證。

作爲新出現的工藝，則有長江中游及其以南地區的一種細線花紋。早在春秋晚期，中原銅器上就有一種細線刻鏤花紋，主要用來表現大幅圖畫；但至戰國晚期已消失。不久後，南方沿

河北滿城出土朱雀銜環杯

海地區却有一種鑄出的細線花紋，源頭大概是幾何形印紋硬陶。廣州一帶武帝前後的越式銅器上，可見到一種仿自印紋硬陶圖案的陽紋細線圖案，線條組合較稀疏，如廣州南越王趙眛墓中銅提筒上的圓圈、平行豎線、勾連菱紋等。顯然因爲西漢政府在百越之地設郡後南方越文化與內地文化聯繫的加强，最遲到西漢晚期長沙等地所出銅器上也出現了細線花紋，但圖案線條繁密，完全脱離了幾何形印紋的祖型。類似的花紋在廣州等地的銅器上也可見到，但或許是由長江中游反過來影響到嶺南，也可能還是在越人那裏先産生的。儘管素面銅器仍是從長江到海濱的南方地區最多見的，但細線花紋畢竟是南方青銅器中特有的。

在青銅器的使用制度方面，「周禮」傳統已基本退出了歷史舞台。先秦禮器中漢初猶存的鼎、盛、壺、鈁、甗等此時雖仍繼續沿用（鈁在中原地區至西漢晚期已消失），但更具一般日用器皿的性質。僅僅是鼎，還是一些祭祀活動中的重要祭器。

據《續漢書·禮儀志上》，東漢皇帝死後行「大喪」禮時，太常要實行「太牢奠」。這就還是在沿用西周以來的用鼎制度。同書又載皇帝的隨葬明器有「瓦鼎十二」，即用正鼎九和陪鼎三，也是用「太牢」舊制。但皇帝的隨葬品竟然用陶鼎來表現「太牢」之制，似又暗示出不必用銅鼎來實行這種制度了。

從許多墓葬的情況看，至少在天子以下的各級貴族中，使用銅鼎的制度發生了大變化。「周禮」中的用鼎制度東周以來一直處在崩壞過程中〔二〇〕。到了此時，即使是諸侯王或列侯的墓，銅鼎只是單件或成對出現（有時出現多對），過去那套鼎制已經看不到了。《後漢書·明帝紀》又曾説：「（永平六年）二月，王雒山出寶鼎，廬江太守獻之。……太常其以礿祭之日，陳鼎于廟。」按照舊制，這種祭祀理應使用九鼎，此時却以寶鼎一件爲祭。這就表現出即使是重要的祭祀，以特一鼎或成對雙鼎作祭器，已成通例。

不僅銅鼎不再以原來數量表示使用者的身份，其他禮器也是這樣。如銅壺（亦可稱鍾），本爲盛酒之器，現在又可放置黍稷等農作物，由于用途擴大，同一墓內常出更多銅壺（仿銅陶壺尤甚），進而表明愈來愈多的原有禮器已成爲日常用器。

這時期最多見的青銅用器是鼎、壺、鈁、盛、鋗、鋞、盆、甗（常爲分體的釜和甑）、尊

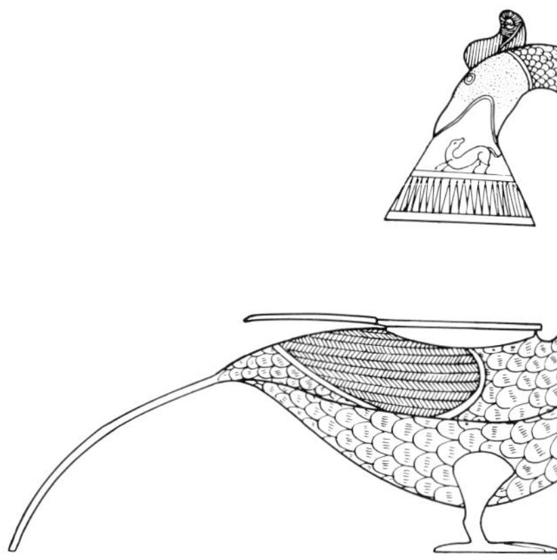

廣西合浦出土鳳燈

（大多爲奩形三足半圓蓋，少量是三足盆形，個别做成犀牛等禽獸形）、勺、耳杯、盤、魁、鐎斗、鈚鏤、燈、爐、熨斗、鎮、車馬器、帶鈎、鏡鑑、璽印、封泥筒等等。其中，燈的形態最多，主要有高燈（豆式）、雁足燈（高燈之一，柄部作雁足形）、行燈（有柄似熨斗式，以便手持行走），轆轤燈（卧羊式或橢盒式）、卮燈（卮形深腹）、釭燈（人物形、牛形、雁形）等。熏燈常做得很講究，并皆從漢初的豆形變爲博山爐式。這是因爲神仙思想流行起來以後，就把熏香之器和海上有神洲之説結合起來，將熏爐做成想像中的神洲仙山狀，多爲山巒重叠，異獸奔騰。

所有這時期的銅器，已顯露出一種時代的新風尚。如專就藝術風格來説，凡整體作成人物或鳥獸形的，或是器身三足及器蓋附飾部分也是作成這種形體的，皆類似于獨立的青銅雕像，最能體現出造型藝術的特點。其形象，都是工匠們對觀察客體的逼真模擬。如和先秦的同類形體作比較，立即能感到已從神秘的想像轉化爲現實的寫照；换言之，也就意味着此時青銅藝術出現的最深刻變化，就是已從天上世界降到了地上人間。

五

東漢中、晚期時的社會面貌和青銅器鑄造的管理經營方式以及青銅器本身，又發生一定變化。所謂東漢中、晚期，按照通常使用的習慣來説，指和帝至漢末獻帝時；如依文化面貌的變化而言，則漢末建安更宜歸入三國時期。但即使真正進入三國時期，魏、蜀、吴三國同東漢發生的文化差異，則又是很不平衡的，由于這套《中國青銅器全集》并不涉及三國以後的銅器（鏡鑑例外），所以這裏不加評論，僅在有些地方談到一點建安時期的情况。

東漢中、晚期時社會面貌最基本的特點是大土地所有制已占主要地位，并且還在加速膨脹。在這種經濟基礎上，一個個自給自足、兵農合一的大莊園相繼形成并日趨穩固。農民對大土地所有者的依附關係日益加强，高官同屬吏也在發展其服從關係，許多官吏都有一大批終身相依的「門生」、「故吏」。百餘年前董仲舒提出的思想，促進了這種社會基礎的發展，而現

江蘇邗江出土錯銀牛燈

在則這種思想更普遍地占據着人們的頭腦。

以大土地所有制爲基礎的莊園經濟的發展，對朝廷來説，幾乎已成爲一個個獨立的經濟、武裝乃至是政治的實體，政府再也没有能力像從前那樣實行直接的控制。就手工製造業而言，漢武帝以後長期實行鹽鐵官營；東漢王朝建立後，地方豪强日益强大，朝廷僅于章帝時一度復收鹽鐵之利，但和帝剛一即位，竇太后就以章帝違戒爲言，「罷鹽鐵之禁，縱民煮鑄，入税縣官如故事。」（《後漢書·和帝紀》）從此，中央朝廷就放給地方豪强一個最重要的手工業部門。和帝死後，鄧太后又立即「減大官、導官、尚方、內者服御珍膳靡麗難成之物，……舊大官、湯官經用且二萬萬，太后敕止日殺省珍費。自是裁數千萬。……其蜀漢釦器、九帶佩刀，并不復調。」（《後漢書·皇帝紀上》「和熹鄧皇后」條）中央朝廷對直接控制的手工業部門和蜀郡、廣漢工官的這種緊縮，無疑即意味着官府手工業的大大衰退。莊園經濟的發展和官手工業的衰落，正是同一種歷史趨勢的兩方面表現。換言之，就是東漢中期以後官工在迅速衰落而私工却大有發展。

這在青銅器製作方面，正表現得非常清楚。

首先可以看到的是，官手工業所鑄銅器在西漢中、晚期時曾有大量發現，而在東漢早期就已很少見，至東漢中期以後，則除了一些弩機銅廓和朱提、堂狼所造銅盆以外，幾乎不見；以某氏爲標記的私工銅器却大爲增加。

已知中央官工銅器有弩機的銅廓，如安帝元初二年（公元一一五年）中尚方監作的八百石弩機廓和延光四年（公元一二五年）太僕所屬考工所作弩機廓。兵器製作當然規模很大，故元初二年那次鑄造即達「鐖郭千八百廿四具」〔二二〕。另見「河東李游」和「河東馮久」刻銘的機廓，應爲私工所作，并且可能就是西漢「河東平陽」鑄造業的延續。

今雲南昭通一帶東漢犍爲屬國的朱提、堂狼應是郡國官工中最大的銅器製地，主要鑄作銅盆（過去習稱爲洗）。盆底內側多雙魚紋，較晚的出現雙鳥、魚鳥、五銖紋等；兩側花紋的中間則鑄出某年堂狼或朱提造作的銘文，末字或爲「工」，表明是官工製品，可能即「工官」之省。凡帶有「堂狼造」銘文的紀年，最早的爲章帝建初八年（公元八三年），有一件爲「永平

河北滿城出土力士騎龍博山爐

三年四月造作，牢」（公元六三年），雖未標出地名，但銘文風格同章帝時的堂狼銅盆很接近，應當能表明這裏的工官作坊在明帝時即已出現。「朱提造」銅盆則始見于殤帝延平年間（公元一〇六年）。已知堂狼、朱提銅盆的時代下限爲靈帝建寧四年（公元一七一年），但有一件傳世銅鍾銘爲「熹平六年（公元一七七年）犍爲國上計王翔奉」〔一三〕，可以説明終止的時間還要再晚些。按照當時制度，各地郡國在每年九月之後，「歲盡遣吏上計」（《續漢書·郡國志五》）。堂狼、朱提的工官都歸犍爲屬國管理，犍爲屬國在歲終上計時所供銅器，無疑是當地工官的製品。

熹平鍾後不到十年，黄巾起義爆發，峰火四起，堂狼、朱提的工官當即停止。綜觀上述材料，可知堂狼、朱提的官府銅器手工業起于東漢早期，盛于東漢中、晚期，廢于黄巾起義時，是規模最大的地方官工。

蜀郡則還是重要的私工銅器製地。這裏也是以鑄造銅盆爲特色，傳世和出土品都很多，但皆無紀年銘文，只能大致判定爲東漢物。所有銘文均不見「工」字，却以不同姓氏作爲標誌，可知出自私手工業。最多見的是「蜀郡董氏」或「董氏」，還有「蜀郡嚴氏」或「嚴氏」，這兩大家當是製作蜀郡銅盆的最大作坊。凡此類蜀郡銅盆，内側主要有羊、鳥和鼎的圖像，和堂狼、朱提製品的雙魚紋有明顯差别。有的具蜀郡圖案風格的銅盆則帶「武氏」、「劉是（通氏字）」鑄銘，説明蜀郡的私工作坊還有多處。另一些有「唐氏」、「陳」等姓氏銘文的銅盆，則鑄地不詳，但可説明當時私手工業的發達。

在雙魚銅盆中，有一件銘爲靈帝「初平五年（公元一九四年）吴師作」；另一件銘爲獻帝「建安四年（公元一九九年）六月造作，牢，大吉羊，富貴，謝張宜用。」兩器年代都在黄巾起義後十年左右，其時中原荒亂，堂狼、朱提工官已廢，蜀地和吴地則稍稍安定，手工業生産的狀況要好一些。如建安時期的武昌（今湖北鄂城）和會稽（今浙江紹興）即有發達的銅鏡鑄造業。初平銅盆銘曰「吴師作」，已明言爲吴地製品；建安銅盆銘文中的「謝張宜用」，其謝氏又爲吴地大姓，亦當爲吴地製品。看來，此時長江中、下游的銅器手工業比其他地區要發達，除了大量鑄造精緻的鏡鑑以外，又開始製作當時極流行的銅盆，而其形態則主要來自堂

河北滿城出土錯金雲紋博山爐

狼、朱提的傳統。也許堂狼、朱提的工官被廢置後，一些工匠被吸收到吳地作坊，帶去了昭通一帶的風格〔二四〕。

東漢中期以後私工銅器的發展，會在許多地方表現出來。大凡銘文中記出價值或標明某氏做的，皆爲私工製品。此如安帝永初四年（公元一一〇年）銅鍾銘曰「直戔（即錢字）二千」；順帝陽嘉二年（公元一三四年）銘曰「陳彤作」；陽嘉三年（公元一三五年）銅鍾銘曰「雷師作，直二千五百」等等〔二五〕。不過，這些銅器的鑄地都不清楚。

對整個青銅鑄造業來説，東漢中期以後已走向衰落。不僅像從前那些做得最精美的銅器已經見不到，銅器的鑄造量及其商品化程度也在退縮。這當然同大土地所有制發展後自然經濟在加强有關。

與此同步的現象是銅器比前輕薄，錯金銀技術在銅器裝飾中幾乎消失（但在講究的鐵器中反而增多），鎏金銀則仍較多。作爲具有這個時代特點的新紋飾，則是在貴重的鎏金器上出現的細線陰刻雲氣紋。雲氣紋本是表現天上現象，現在被刻畫得流暢非凡，又常常有仙禽異獸飛躍其間。這些籠罩在金色之下的細纖而剛勁的花紋，隨光線的閃射而隱約可見，充滿了神仙世界的氣氛。東漢中期以後太平道、天師道日益在黄河、長江流域擴大其影響，神仙和升天思想得到進一步發展，可能就是流行這種藝術題材的基礎。

大概由于同樣原因，東漢中、晚期時在西南地區乃至長江三峽和甘青交界處，流行一種新出現的青銅錢樹。一般是在陶座上立有高約一米多的銅樹，枝葉蔓延，頂端常有西王母像，并懸掛着許多銅錢和夾雜着仙人（羽人）、珍禽異獸和圜璧等物，有時還有佛像。錢樹本是社樹的一種特殊形態〔二六〕，但此時突然流行并多仙神內容，看來和道教信仰有關。如從錢樹的分布區域來考慮，當和天師道的關係更密切。即使不作這種推定，至少是和神仙思想的流行有關。

與此有同樣性質的關係是，甚至有的銅燈亦作成錢樹式。近年被盜掘出的一件錢樹形銅燈，高約一四〇厘米，枝繁葉茂，樹枝上竟托有九十六個燈盤。從其形態看，當爲長江流域物品。以上這些現象，直接説明的是神仙思想的流行曾對銅器的形態發生影響，深層表達的則是社會思潮的變化是導致青銅藝術，乃至一切藝術發生相應變化的基礎原因。

陝西西安出土羽人器座

就是這個原因，傳統禮器中即使是占有首要位置的鼎亦已走到消失的邊緣，很少出現；另一些使用較多的壺（鍾）、扁壺（鉀）、盆、釜、甑、鐎斗、鈳鏤、燈、博山爐、爐、熨斗、尊、耳杯、盤、案、水注、虎子、車馬器、帶鈎、鏡鑑、璽印、封泥筒等日用器物，除了帶鈎、鏡鑑、璽印等當時還必須用青銅製作的以外，其數量也比從前大爲減少。

但有些車馬明器此時却或用銅製。這在西南至西北地區較爲突出。如四川綿陽何家山二號墓就出土了一件體型最大的銅馬和馬奴，前者高達一三五、後者亦高六七厘米〔二七〕，除秦始皇陵銅車馬外，這是秦漢時期最高大的青銅器。甘肅武威雷台的漢末之墓，則出了一套由銅車十四、銅馬三十九、銅人俑四十五組成的出行行列的明器，氣勢壯觀。其中一件奔馬爲了表現奔跑速度，脚踩飛鳥，習稱爲馬踏飛燕，所示姿態的雄健和意境的超越，堪稱爲最優秀的漢代青銅雕像〔二八〕。如說漢武帝時開始了中國青銅藝術的現實主義道路，則經過三百年的發展後，現在又從寫實手法達到超寫實地表現理想境界的地步。這是兩千年前古代世界最優秀的藝術品之一，漢末的銅工以最好的成績來爲秦漢的青銅藝術作了總結。

在秦漢時代的四百四十年期間，中國古代的青銅藝術渡過了最後的輝煌。從世界範圍的青銅時代來觀察，古代中國的青銅藝術占有最重要的地位。到了鐵器時代後，秦漢時期的青銅藝術已處在秦漢文化總體中的次要位置，而古典世界的青銅雕像在當時的青銅藝術中則曾獨步天下；但在青銅器的工藝美術成就方面，秦漢青銅器却是最突出的。即使就青銅雕像的造型藝術魅力而言，秦漢時期走着與古典世界不一樣的藝術道路，主要以田園般的樸素和誠實的温情，表現了平易的風采和含蓄的魅力。

藝術是人類理想的一種情感追求。樸素、温情和平易、含蓄的境界，當然也是人們將追之無限的一種高尚情操。秦漢的青銅藝術是這種情操的一個寶庫。

附注

〔一〕俞偉超：《五千年中國藝術的文化基礎》，《文物》一九九八年二期。

〔二〕俞偉超：《周代用鼎制度研究》，《先秦兩漢考古學論集》，文物出版社，一九八五年六月。

〔三〕國家計量局：《中國古代度量衡圖集》，圖版説明二六至三〇頁，文物出版社，一九八一年。

〔四〕秦始皇兵馬俑博物館、陝西省考古研究所：《秦始皇陵銅車馬發掘報告》，文物出版社，一九九八年。

〔五〕黄河水庫報告之五《陝縣東周秦漢墓》附表二，二一五頁，科學出版社，一九九四年。按：據葉小燕同志見告，此報告在編寫時，二〇〇一號墓的原始資料大部已佚，文中所述現象是我于一九五七年時在發掘現場所見。

〔六〕四川省文物管理委員會：《成都羊子山第一七二號墓發掘報告》，《考古學報》一九五六年第四期。

〔七〕杜迺松：《記洛陽西宮出土的幾件銅器》，《文物》一九六五年十一期。

〔八〕兩漢書所載考工、尚方還管理兵器製作。但西漢中期以後，軍隊主要使用鐵兵器，這裏因只講銅器鑄作，所以只提到弩機的銅廓。

〔九〕孫慰祖、徐谷富：《秦漢金文匯編》，第六一至六五器、二五七至二六四器，上海書店出版社，一九九七年。

〔一〇〕同注〔九〕第一七三器。

〔一一〕同注〔九〕第一六九、一七五器。

〔一二〕同注〔九〕第五七九、三五〇、五八一器。

〔一三〕同注〔九〕第五四、一五九、六〇器。

〔一四〕中國社會科學院考古研究所：《滿城漢墓發掘報告》，文物出版社，一九八〇年。

〔一五〕敬武長公主的事跡見《漢書》的《張湯傳》、《趙充國傳》、《薛宣傳》、《王莽傳上》。

〔一六〕同〔一四〕。

〔一七〕咸陽地區文管會、茂陵博物館：《陝西茂陵一號無名冢一號從葬坑的發掘》，《文物》一九八二年九期。

〔一八〕同注〔一四〕；又見肖蘊：《滿城漢墓出土的錯金鳥蟲書銅壺》，《考古》一九七二年五期。

〔一九〕陝西省考古研究所：《陝西興平縣出土的古代嵌金銅犀尊」，《文物》一九六五年七期。

〔二〇〕俞偉超：《周代用鼎制度研究》，《先秦兩漢考古學論集》，文物出版社，一九八五年。

〔二一〕同注〔九〕第五八二、五八三器。

〔二二〕同注〔九〕第五四四、五八五器。

〔二三〕同注〔九〕第一八〇器。

〔二四〕以上銅盆銘文見注〔九〕第三九九至四六九器。

〔二五〕同注〔九〕第一一七至一一九器。

〔二六〕《三國志·魏書·邴原傳》裴注引《邴原別傳》（《御覽》卷八三六引《邴原別傳》略同）：「（邴）原遂到遼東，遼東多虎，原之邑落獨無虎患。原嘗行而得遺錢，拾以繫樹枝。此錢既不見取，而繫錢者愈多，問其故，答者謂之神樹。原惡其由，已而成淫祀，乃辨之。于是里中遂斂其錢，以爲社供。」

〔二七〕中國文物精華編輯委員會：《中國文物精華》（一九九七），圖八三，文物出版社，一九九七年。

〔二八〕甘肅省博物館：《武威雷台漢墓》，《考古學報》一九七四年二期。

圖版

一　半斗鼎　秦

二　兩詔橢升　秦

三　蒜頭扁壺　秦

四、五　勾連紋獸鈕扁壺　秦

六　蒜頭壺　秦

七　蒜頭壺　秦

八　北寢鍾　秦

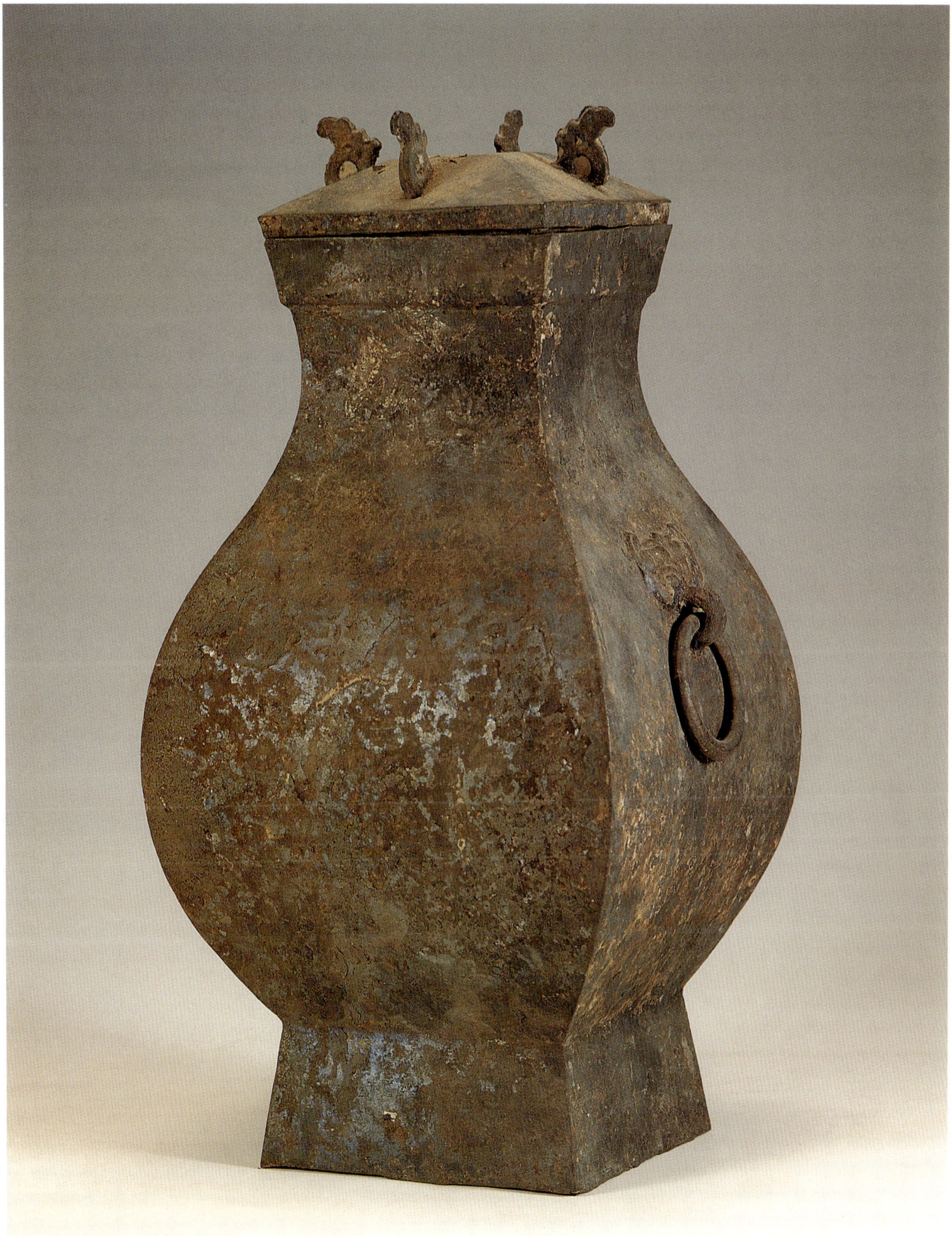

九　鳥鈕鈁　秦

一〇　麗山園缶　秦

一一　梫大盉　秦

一二　獸耳鋗　秦

一三　弦紋鍪　秦

一四　脩武府温酒爐　秦

一五　方匜　秦

一六—一九　彩繪車馬　秦

二〇、二一　彩繪車馬　秦

二二、二三　武士頭像　秦

二四　樂府鐘　秦

二五　獸鈕熊足鼎　西漢中期

二六　陽信家鼎　西漢中期

二七　泰山宫鼎　西漢中期

二八　昆陽乘輿鼎　西漢中期

二九　館陶家四聯鼎　西漢早期

三一　鎏金鋬　西漢早期

三〇　趙獻甗　西漢中期

三二　釜　西漢中期

三三　中山内府鑊　西漢中期

三四、三五　錯金銀雲紋犀尊　西漢早期

三六　神獸紋樽　西漢

三七、三八　胡傅鋈金獸紋樽　西漢晚期

四一　鎏金雲紋樽　西漢晚期

三九、四〇　鎏金鳥獸紋樽　西漢晚期

四二　胡傅鎏金銀獸紋樽　西漢晚期

四三　錯金雲龍紋樽　東漢中期

四四　建武廿一年乘輿樽　東漢早期

四五　鳳鈕禽獸紋樽　東漢晚期

四六、四七　鎏金雲紋樽　東漢晚期

四八、四九　錯金勾連雲紋鈁　西漢晚期

五〇、五一　變形蟠龍紋鈁　西漢中期

五二　變形蟠龍紋鈁　西漢早期

五三　初元三年東阿宮鈁　西漢中期

五四　鎏金漆繪雲紋壺　西漢早期

五五　魚形扁壺　西漢早期

五七　提鏈壺　西漢中期

五六　錯金銀銘文壺　西漢中期

五九　變形龍紋壺　西漢中期

五八　楚大官壺　西漢中期

六〇　鎏金壺　西漢中期

六一　幾何雲紋壺　西漢中期

六二　中山内府鍾　西漢中期

六三　甄氏壺　西漢中期

六四　鏤空雲紋壺　西漢晚期

六五　上林鍾　西漢晚期

六六　雙龍提梁壺　東漢早期

六七　元和四年 黃陽君壺　東漢早期

六九　提梁壺　東漢晚期

六八　雙龍提鏈壺　東漢中晚期

七〇　孫氏家鐎　西漢中期

七一　鳥流鐎　西漢晚期

七二　虎鋬盉　東漢中期

七三　朱雀銜環杯　西漢中期

七四　鎏金菱形紋杯　西漢中期

七五　鎏金菱形紋鉚　西漢中期

七六　陽信家温酒爐　西漢中期

七七　四神温酒爐　西漢晚期

七八　四神温酒爐　西漢晚期

七九　漆繪人物禽獸紋筒　西漢早期

八〇　幾何紋筒　西漢早期

八一　幾何紋筒　西漢中期

八二　龍首灶　西漢晚期

八三　獸首灶　西漢晚期

八四　灶　西漢晚期

八五　方爐　西漢早期

八六　弘農宮方爐　西漢晚期

八七　陽信家爐　西漢中期

八八　上林豫章觀鑑　西漢晚期

八九　上林鑑　西漢晚期

九〇　人形足洗　西漢晚期

九一　魚鳥紋洗　東漢晚期

九二、九三　鼎紋洗　東漢早期

九四　漆繪人物魚龍紋盆　西漢早期

九五　趙姬沐盤　西漢中晚期

九六　龍首魁　西漢晚期

九七　長信宮燈　西漢中期

九八　當户燈　西漢中期

九九　人形懸燈　東漢晚期

一〇〇　羽人座燈　東漢

一〇一　雁魚燈　西漢晚期

一〇二　鳳燈　西漢晚期

一〇三　朱雀燈　西漢中期

一〇四　朱雀燈　西漢中期

一〇五　鳥柄燈　西漢早期

一〇六　雁足燈　西漢晚期

一〇七　雁足燈　東漢早期

一〇八　犀牛燈　西漢早期

一〇九　龍形燈　西漢中期

一一〇　羊燈　西漢中期

一一二、一一三　錯銀牛燈　東漢早期

一一四、一一五　牛燈　東漢早期

一一六　九枝連盞燈　西漢早期

一一七　爐形燈　西漢中期

一一八　鎏金熏爐　西漢早期

一一九　鎏金蟠龍紋熏爐　西漢中期

一二〇　獸足熏爐　西漢中期

一二一　鎏金熏爐　西漢中期

一二二　百鳥朝鳳熏爐　東漢晚期

一二三　鴨形熏爐　西漢晚期

一二四　曲折紋熏爐　西漢早期

一二五　四連體方熏爐　西漢中期

一二六　鎏金博山爐　東漢早期

一二七　龜鶴博山爐　西漢中期

一二八　力士騎龍博山爐　西漢中期

一二九　錯金雲紋博山爐　西漢中期

一三〇　未央宫竹節熏爐　西漢中期

一三一　四戲俑　西漢晚期

一三二　説唱俑　西漢中期

一三三　四戲俑　西漢早期

一三四　四人博戲俑　西漢早期

一三五　三戲俑　西漢中期

一三六　騎馬俑　西漢中期

一三七　鎏金騎馬俑　西漢早期

一三八、一三九　羽人器座　西漢晚期

一四〇　鎏金羽人器座　東漢

一四二　馬車　東漢中期

一四一　馬與馭手　西漢早期

一四三　牽馬俑　東漢晚期

一四四　車馬儀仗俑群　東漢晚期

一四五　主騎　東漢晚期

一四六　從騎　東漢晚期

一四八　斧車　東漢晚期

一四七　騎俑　東漢晚期

一四九　軺車　東漢晚期

一五〇　辇車　東漢晚期

一五一　錯金銀鑲嵌狩獵紋車飾　西漢早期

一五二　鎏金鑲嵌龍首形轅飾　西漢中期

一五三　鎏金狩獵紋當盧　西漢中期

一五四　鎏金馬　西漢中期

一五五　立馬　西漢中期

一五六、一五七　鎏金動物　東漢晚期

一五八　奔馬　東漢晚期

一六〇　獨角獸　東漢晚期

一五九　立馬　東漢晚期

一六一　立牛　西漢中期

一六二　鑲嵌綠松石臥鹿　西漢中期

一六三　鎏金熊鎮　東漢

一六四　虎熊搏鎮　西漢

一六五　龜形鎮　西漢晚期

一六六　錯金銀鑲嵌豹形鎮　西漢中期

一六七　樂伎帶鈎　西漢中晚期

一六八　競渡紋鼓　西漢早期

一六九、一七〇　五銖錢紋鼓　西漢晚期

一七一　文帝九年鈎鑃　西漢中期

一七二　人面紋羊角鈕鐘　西漢早期

一七三　鎏金鑲玉雙龍枕　西漢中期

一七四　鎏金鑲玉雙獸枕　西漢中期

一七五　鎏金屏風轉角神人托座　西漢中期

一七六　倉屋　西漢晚期

一七七　倉屋　東漢

一七八　鎏金鑲嵌獸形硯盒　東漢中期

一七九　柿蒂形鎏金棺飾　東漢晚期

圖版說明

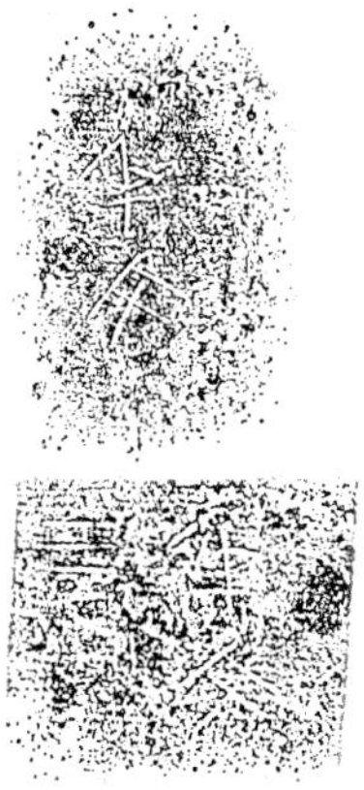

一　半斗鼎

秦

高一九、腹徑二四·五厘米

陝西咸陽塔兒坡出土

咸陽市博物館藏

斂口，子母唇，腹較淺，圜底，長方形耳稍向外撇，馬蹄形足，腹部飾凸弦紋一道，蓋隆起，上有三環鈕。蓋面刻「半斗」二字，器口沿接近蓋處直刻兩行三字，右邊爲「半斗」二字，左邊爲「四」字。

此鼎用水測量，容量爲二千七百毫升。

（賀雅君）

二　兩詔橢升

秦

高六·六、長二三·三、口縱一〇·一、口橫一八·一厘米

上海博物館藏

量器。橢圓形，腹較深。外壁一側刻秦始皇二十六年詔書四行，另一側刻秦二世詔書七行。二世詔强調統一度量衡是始皇帝的功績，并將統一度量衡的法令繼續推行下去。據實測其容積爲六五〇毫升，容量是商鞅方升的三又三分之一升。

三　蒜頭扁壺

秦

高二〇·五、口徑二·二厘米

陝西咸陽塔兒坡出土

咸陽市博物館藏

圓口，口部呈蒜頭狀，短頸，橢圓形的體腹扁平，平底，長方形圈足，通體素面無紋飾。

（賀雅君）

四、五　勾連紋獸鈕扁壺

秦
高二七·五、口徑八厘米
一九七三年山西右玉出土
山西省考古研究所藏

蓋微隆，頂有一獸形鈕，小口直頸，橢圓形扁腹，長橢方形圈足，肩設一對鈕。蓋飾勾連紋、繩紋等。

本圖攝影：李建生　（李建生）

六　蒜頭壺

秦
高三六·七、足徑一二厘米
一九七五年湖北雲夢睡虎地九號墓出土
雲夢縣博物館藏

蒜頭形壺口，長頸，扁球形腹，圈足。通體素面無紋飾。此爲較典型的秦國銅器之一。

本圖攝影：郝勤建

七　蒜頭壺

秦
高三七厘米
陝西咸陽長陵車站出土
咸陽市博物館藏

球形腹，細長頸，在壺的近口處鼓大，呈一蒜頭狀，分爲六瓣。平底，圈足，通體素面無紋飾。

（賀雅君）

八 北寖鍾

秦

高三一・五、口徑一一・五厘米

陝西咸陽塔兒坡出土

咸陽市博物館藏

圓口，鼓腹，圈足，腹部飾三條凸起的弦帶紋，肩部飾對稱的鋪首銜環，腹部豎向刻銘文五行，爲「二年寺工師初丞拑稟人莽三斗北寖」十五字。圈足處橫刻「茜府」二字。

該器實測容小米五千九百毫升。

（賀雅君）

九 鳥鈕鈁

秦

高三四、口邊長一〇・八厘米

一九七五年湖北雲夢睡虎地出土

雲夢縣博物館藏

盝頂蓋，上有四個鳥形鈕。方口略侈，高頸，斜肩，方腹弧壁，圈足較高，設一對鋪首銜環耳。

本圖攝影：郝勤建

一〇 麗山園缶

秦

高四四、口徑一九厘米

一九六〇年陝西臨潼出土

臨潼市博物館藏

直口，短頸，深鼓腹，矮圈足。腹上部置四個環形鈕。通體素面無紋飾。器底有銘文兩行十七字：「麗山園，容十二斗三升，重二鈞十三斤八兩。」麗山應即秦始皇所葬驪山，此缶當屬秦始皇陵園中使用的量器。

本圖攝影：王　露

一一　樛大盉

秦

高一二·五、口徑八厘米

一九七四年陝西咸陽窰店出土

咸陽市博物館藏

鼓腹，圜底，蓋稍隆起，三個矮蹄足，提梁已佚，腹部上部有獸頭流。蓋上飾兩道弦紋，中有橋形鈕，肩腹亦飾有弦紋，足較細。下腹刻「樛大」二字，流右側刻「四斤」二字，器底刻「大官四斗」四字。

該器用水實測容量爲八百〇三毫升。

（賀雅君）

一二　獸耳鉚

秦

高六·七、口徑一四·六厘米

一九七五年湖北雲夢睡虎地出土

雲夢縣博物館藏

口微斂，弧壁下收，小平底，兩側有獸首環耳。

本圖攝影：郝勤建

一三　弦紋鍪

秦

高一五·三、口徑一二·五厘米

一九七五年湖北雲夢睡虎地出土

雲夢縣博物館藏

侈口，高頸，鼓腹，平底，腹兩側設一大一小不對稱的環形鋬。肩、腹相交處飾凸弦紋一條。

本圖攝影：郝勤建

一四　脩武府温酒爐

秦

耳杯長一五、寬一二・九厘米，爐長一五、寬一一・五厘米

一九六六年陝西咸陽塔兒坡出土

咸陽市博物館藏

耳杯作長橢圓形，兩側有執耳如翼，前後各置一個鋪首銜環耳，下有四條長蹄足。爐作長橢方形，四蹄足短矮。通體素面無紋飾，杯一側耳下及爐腹外刻銘文「脩武府」三字。脩武即修武，係戰國時魏地，此器字體屬秦，當是魏滅入秦後所作之器。有耳杯的温酒爐，此爲最早，且耳杯下有四足，形制極爲罕見。

本圖攝影：王　露

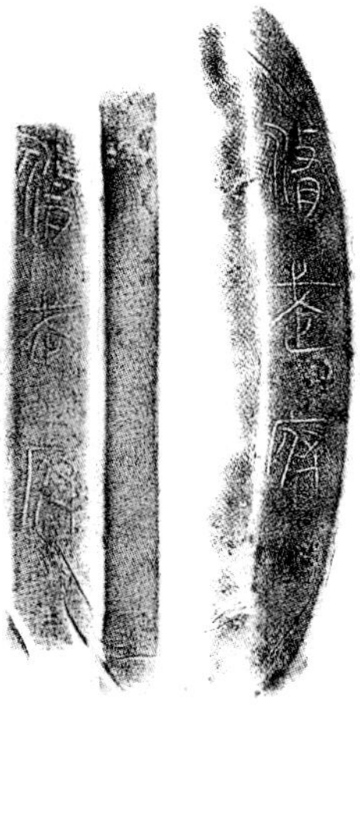

一五　方匜

秦

高一二、長三一・二厘米

一九七五年湖北雲夢睡虎地出土

雲夢縣博物館藏

狹長流，長方形器，折壁下收，平底。後壁有一鋪首銜環耳。器形較爲特殊。

本圖攝影：郝勤建

一六—一九　彩繪車馬

秦

高一五二、長二二五厘米

一九八〇年陝西臨潼出土

秦始皇兵馬俑博物館藏

這是一輛立乘駟車，俗稱「立車」或「高車」。車前駕四馬，單轅、雙輪，横長方形輿，輿上插高柄傘蓋，傘下站立一御官俑，車上裝備有弩、矢箙、盾等兵器。四馬分兩驂兩服，通體塗白，馬頭戴有金銀絡頭并連有銀鑣，面部有金當盧。傘蓋圓形，器壁極薄，蓋内壁飾有精美的龍紋。御官俑頭戴鶡冠，身着長襦，束腰佩劍，足登方口齊頭翹尖履，雙臂平舉，手握轡繩，神態嚴肅恭謹。車輿彩繪卷雲紋、幾何紋等。此爲秦始皇陵一號車。

二〇、二一　彩繪車馬

秦
高一〇六·二、長三一七厘米
一九八〇年陝西臨潼出土
秦始皇兵馬俑博物館藏

此爲古代車制中的安車，前駕四馬，單轅雙輪，長方形輿，輿後有箱，頂上有橢圓形車蓋。四馬及裝飾與一號車相同。車箱前、左、右三面闢窗，箱後開門。御官俑跽坐于車輿前室，頭戴鶡冠，身着長襦，束帶佩劍，手執轡索。車內外均有彩繪卷雲紋、龍紋及變化多端的幾何紋等。一些車部件上有朱書或刻寫的文字。此爲秦始皇陵二號車馬，其製造工藝複雜精細，據統計，由三千四百六十二個部件組成。是研究古代車制最爲重要的實物資料之一。

二二、二三　武士頭像

秦
高一一、寬六厘米
一九八二年陝西咸陽長陵車站出土
咸陽市博物館藏

頭戴高冠，冠爲鳥形，鳥頭置俑前額上，俑圓臉，面部略帶微笑，冠頂有一邊長爲三厘米的方形卯，頸下有錐形榫。

（賀雅君）

二四　樂府鐘

秦
高一二·八厘米
一九七七年陝西臨潼秦始皇陵出土
陝西歷史博物館藏

鈕鐘，鈕較長，兩銑斜弧向內收斂，枚作乳釘形。鉦、篆間及鼓部飾錯金或錯銀的雲紋、菱形幾何紋等。有銘文「樂府」兩字。此鐘當係秦始皇陵園中之隨葬品或陵寢陳設物，其形制、紋飾均俱特色，錯金與錯銀分開，形成黃白相間紋飾，十分精美。

本圖攝影：王露

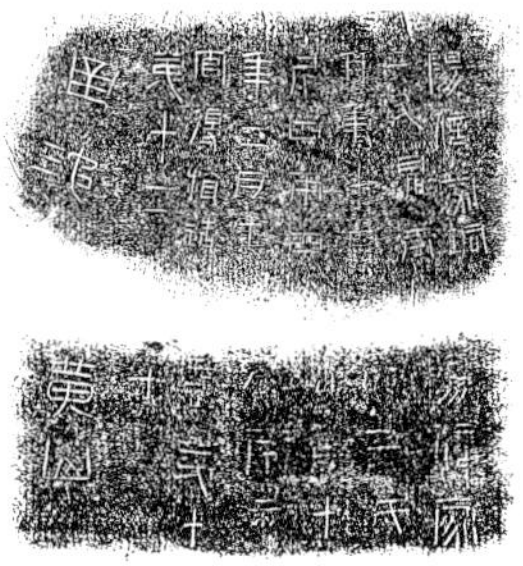

二五　獸鈕熊足鼎

西漢中期
高一八・一、腹徑二〇厘米
一九六八年河北滿城陵山中山靖王劉勝墓出土
河北省博物館藏

鼎身作子口微斂，圜底，三熊足，熊作蹲立狀。腹側附兩長方形耳，耳上部爲圓軸形，貫穿于一小獸之臀部。小獸卧伏，可翻轉，用于固定鼎蓋。腹部和口部各有凸弦紋一道。鼎蓋似覆盤形，蓋面微鼓，蓋周有四小獸作等距離環立。在合蓋前先要將鼎耳上小獸翻開，然後合蓋子鼎上，使蓋上面小獸對着雙耳，將蓋上小獸向上翻向蓋上，向左轉動鼎蓋，蓋上小獸正好卡在鼎耳小獸上，使鼎蓋緊合在鼎上。整個器物，構思奇妙，造型新穎。

（徐志芬）

二六　陽信家鼎

西漢中期
高一九・五、口徑一八・五厘米
一九八一年陝西興平豆馬村出土
茂陵博物館藏

鼎作扁球體，弧面蓋上有三個環狀鈕，鈕上有圓錐體柱。口略斂，鼓腹，圜底，長方形附耳，蹄足。腹有一道扁凸的弦紋。蓋、器各刻有銘文，記器主、器名、容量、重量、製作年月、產地等內容，對研究西漢度量衡制度，官營手工業等有重要意義。器主陽信家應屬皇家眷屬或朝廷重臣。

二七　泰山宮鼎

西漢中期
高三五・二、口徑三二厘米
一九六一年陝西西安高窯村出土
西安市文物保護考古所藏

扁球體鼎，腹鼓，圜底，環形附耳，高蹄足。蓋似非本器，然銘文中記此鼎應有蓋。腹有一周扁棱突出。腹上部刻銘五行三十字，記該鼎使用場所、器名、容量、重量、製作年份、工匠名等。

二八　昆陽乘輿鼎

西漢中期

高四〇·二、口徑三二厘米

一九六一年陝西西安高窯村出土

西安市文物保護考古所藏

鼎作扁球體，蓋上設三個環形鈕，鈕上有圓柱形突出。斂口，鼓腹，圜底，附耳，蹄足較高。腹飾一條凸弦紋。腹壁刻銘七行三十五字，記器名、容量、重量、製作時間、工匠、監造官等內容。

本圖攝影：郝勤建

二九　館陶家四聯鼎

西漢早期

高二二、口徑二一·五厘米

一九八一年陝西咸陽徵集

咸陽市博物館藏

四鼎相聯，各作斂口，鼓腹，圜底，矮蹄足的式樣。蓋隆，均置三個環鈕。鼎腹外側各置一環形耳，另一側有釦鈕，當可與蓋相連。腹飾弦紋一道。其中一鼎腹部橫刻銘文二十字：「銅連鼎四合，容各三斗，并重九十三斤，館陶家，霸田。」館陶即漢文帝之女館陶長公主。

本圖攝影：王　露

三〇　趙獻甗

西漢中期

釜甑通高四八·二厘米

一九六八年河北滿城陵山中山靖王劉勝墓出土

河北省博物館藏

釜爲小直口，大圓腹，小平底，可從中間分爲兩部分，其間用銅釘鉚合。釜之肩部有對稱的模鑄鋪首銜環一對，鉚合于釜上，腹部以上鎏金。肩刻銘文：「御銅金雍甗一，容十斗，盆備，卅七年十月，趙獻。」

甑爲敞口，折沿，小圈足套在釜的小直口外。無底，裝一活動箅子，箅面滿布整齊的小圓孔。甑腹有鋪首銜環一對。甑口部、圈足、內壁及箅面鎏金。口沿下鎏金帶上刻銘：「御銅金雍甗甑一具，盆備，卅七年十月，趙獻。」

盆爲敞口，折沿，小平底。口部及內壁鎏金。口沿下鎏金帶上有鐫刻及墨書銘文各一處，二者內容一致。刻銘曰：「御銅金雍甗盆，容十斗，卅七年十月，趙獻。」

（崔永超）

三一　鎏金鍪

西漢早期

高一一厘米

一九七六年貴州赫章可樂出土

貴州省博物館藏

侈口，束頸，鼓腹略下垂，圜底，下承三個小蹄足。頸部一側有繩索形環耳。通體鎏金，素面無紋飾。此種帶三足的鍪，較爲罕見。

三二　釜

西漢中期

高一四·三、口徑二二·七厘米

一九六八年河北滿城陵山中山靖王劉勝墓出土

河北省博物館藏

敞口，折沿，作母口狀，方立耳，耳內側有直槽，估計是置蓋之用。腹壁較直，下內收，平底，假圈足。

三三　中山內府鑊

西漢中期
高二二·五、口徑四一厘米
一九六八年河北滿城陵山中山靖王劉勝墓出土
河北省博物館藏

銅鑊爲漢代烹器，敞口，頸微斂，口沿外折，腹微鼓，假圈足，腹部飾凸弦紋一周，有銜環鋪首一對，鋪首作蟾蜍形，口沿上有銘文一行：「中山內府銅鑊，容十斗，重卌一斤，卅九年九月己酉，工丙造。」據《漢書·諸侯王表》載，劉勝是西漢十個中山王中在位時間最長的一個，共在位四十二年，其餘均未超過三十年。中山內府銅鑊上的銘文爲確定墓主人的身份提供了重要依據。　（申獻友）

三四、三五　錯金銀雲紋犀尊

西漢早期
高三四·四、長五八·一厘米
一九六三年陝西興平豆馬村出土
中國歷史博物館藏

犀作昂首佇立狀。兩耳前聳，雙目嵌以烏黑光亮的料珠，頭頂正中、鼻部上端各有一尖笋狀角，厚唇作鈎狀，口右側有一細管狀流，兩頰微縮，前胸寬闊，肌肉堅實，頸部隆起，皮膚多皺褶，層次分明，四足矮壯，臀部肥碩隆圓，短尾下垂微後翹，背上有一蓋可自由開合。通體滿飾流雲紋，間有渦紋，并嵌有金銀絲，象徵犀的毫毛。此尊造型逼真，堪稱西漢時期錯金銀工藝的精品。

本圖攝影：王　露　（馬秀銀）

三六　神獸紋樽

西漢
高二八·一、徑二三·五厘米
甘肅平涼出土
甘肅省博物館藏

山形樽蓋，頂端有一徑零點八厘米的孔，原插之物已佚。樽身被三條弦紋帶平分爲兩部分。兩側附二環耳，缺佚一環。底部鑄三熊爲足。樽身通體以較高的浮雕刻出仙山、水波、雲氣、草木、異獸等圖案。

（劉志華）

三七、三八　胡傅鎏金獸紋樽

西漢晚期
高二五、口徑二三厘米
一九六二年山西右玉大川出土
山西省博物館藏

蓋略隆起，中間有一環鈕，環外圈分列三個翹尾鳳形鈕。器如圓筒，平底，下承三個熊形足，腹兩側設鋪首銜環。通體鎏金，紋飾均作浮雕。蓋頂柿蒂紋，圍以虎、熊等動物，外圈飾龍紋。器腹紋飾分上下兩層，有虎、熊、牛、羊、駱駝、鹿、猴、龍、鳳等動物，畫面生動、活潑。蓋內彩繪鳳紋，內壁塗有朱漆。此器紋飾構思新穎，製作極其精美。蓋、器均刻銘文：「中陵胡傅銅温酒樽，重廿四斤。河平三年造，二。」河平三年爲公元前二六年，此樽同出兩件，形制相同。

三九、四〇　鎏金鳥獸紋樽

西漢晚期
高二〇、口徑一九·七厘米
傳陝西西安出土
中國歷史博物館藏

蓋隆，頂有一環鈕，外有三個翹尾鳳形鈕。樽作圓筒形，直壁，平底，兩側置鋪首銜環，三個熊形足。蓋頂飾一浮雕柿蒂紋，腹中間一道寬箍帶上飾弦紋，通體鎏金，蓋、器鏨刻有鳥紋、獸紋、雲紋等，口沿下有一周三角形幾何紋。

本圖攝影：孫克讓

四一　鎏金雲紋樽

西漢晚期
高二〇・二、口徑一九・六厘米
一九八五年江蘇邗江姚莊出土
揚州市博物館藏

蓋隆起，中間有一環鈕，設三個回首銜翼的鳳形鈕。樽作子母口，直壁圓筒形，平底，下承三個熊形足，腹有一對鋪首銜環。通體鎏金，惜已大部剝落，腹部鏨刻有雲紋，近底處有三角紋。此樽蓋上的鳳形鈕，形態自然生動，較爲罕見。

四二　胡傅鎏金銀獸紋樽

西漢晚期
高三四・五、口徑六四・五厘米
一九六二年山西右玉大川出土
山西省博物館藏

器如半球體，寬折沿，腹略鼓而下收，平底，三個回首虎形足。通體鎏金，腹部鎏銀彩繪動物紋兩組，有虎、象、熊、駱駝、鹿、兔、羊等。口沿刻銘文：「劇陽陰城胡傅銅温樽，重百廿斤，河平三年造。」此類器以往都定名爲鑑，由此銘知在漢代可用爲酒樽。

四三　錯金雲龍紋樽

東漢中期
高七・五、口徑四・六厘米
一九七〇年江蘇徐州土山出土
南京博物院藏

圓筒形樽，下承三熊形足，承盤作寬折沿，淺腹式。通體錯金飾紋，樽上層是雲紋，中間一層寬凸箍上飾菱形紋，下飾流雲紋、回首龍紋等，下有一周三角形紋。承盤折沿飾三角形紋，內外壁飾雲紋。花紋典雅，裝飾華麗。

四四　建武廿一年乘輿樽

東漢早期
高四一、口徑三五・三、盤徑五七・五厘米
故宮博物院藏

蓋微隆，中飾柿蒂紋，有三卧羊，羊首昂起。器作直筒形，腹兩側有鋪首銜環耳，平底，熊形足。承盤爲折沿、淺盤、熊足的式樣。通體鎏金，熊足均鑲嵌有綠松石。此器造型簡潔，裝飾華麗。盤沿有銘文六十三字，記述了製造年代、名稱、尺寸、工藝以及工匠姓名等。建武廿一年，即公元四五年。本圖攝影：王　露

四五　鳳鈕禽獸紋樽

東漢晚期
高二九・八、口徑一八厘米
廣州市博物館藏

蓋呈重山形，頂部立一展翅鳳鳥；器作直壁圓桶形，腹兩側設鋪首銜環耳，熊形足。蓋、器滿刻花紋，蓋頂部刻芭蕉葉，下爲四山形，刻一鳳三獸，下層四山形，各刻一對相向的獸紋。器腹飾一周凸弦紋，上下各刻一周同方向呈追逐狀的禽獸紋，器底部刻一周連續的四菱形幾何紋，下爲三角形紋一周。腹部有方形呈色不同的墊片，或以爲是鑲嵌裝飾物。此樽器形紋飾均較別致，爲廣州漢墓出土銅器中罕見。

四六、四七　鎏金雲紋樽

東漢晚期
高一四、口徑二三・八厘米
一九六九年甘肅武威雷台出土
甘肅省博物館藏

通體鎏金。蓋上有三道弦紋，帶環柿蒂鈕。身飾以兩道微凸寬帶，中部凸起弦紋上附有對稱的兩獸頭銜環鋪首。上下寬帶間錯銀爲地，上面陰刻連續卷雲紋。三蹄足。

（劉志華）

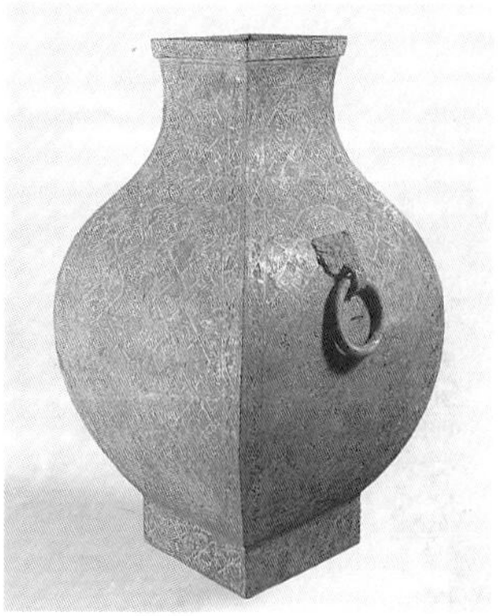

四八、四九　錯金勾連雲紋鈁

西漢晚期
高六一·五、口邊長一六厘米
一九六四年陝西西安出土
西安市文物保護考古所藏

直口，束頸，斜肩，方腹弧壁，方圈足，設一對鋪首銜環。通體用錯金飾出細密精緻的勾連雲紋，紋飾排列有序，却又變幻無窮，表現出極其精良的工藝設計與製作水平。部分紋飾有塊狀脱落，原應有鑲嵌物。

五〇、五一　變形蟠龍紋鈁

西漢中期
高五五·五、口邊長一五厘米
一九八三年廣東廣州象崗出土
南越王墓博物館藏

盝頂蓋，設四個龍形鈕，方折口沿，頸略收，弧面方腹，方圈足四隅有短柱足。肩四壁有鋪首銜環，鋪首由體軀交纏的龍紋組成，環上飾斜角雲紋，頸飾三角雲紋，下連一周斜角雲紋。蓋、器腹與圈足飾變形蟠龍紋。蓋有鎏金痕跡。此鈁製作與裝飾均較精良，在同時期青銅鈁中并不多見。

五二　變形蟠龍紋鈁

西漢早期
高四七·九、口邊長一四·九厘米
一九八一年安徽蕪湖賀家園出土
蕪湖市博物館藏

方形子口，短頸略束，方腹弧面下內收，方圈足四隅有曲尺形足，肩四壁均有鋪首。頸飾陰刻三角形紋，肩、腹、圈足飾變形蟠龍紋，以較寬的凹帶相間隔，這種紋飾因變形僅可見蟠曲相纏的龍體以及羽片狀的龍體鱗翼。頸部正反兩面刻銘，記有重量及容量。

五三　初元三年東阿宮鈁

西漢中期
高三六、口邊長一一厘米
一九六一年陝西西安高窯村出土
西安市文物保護考古所藏

方直口，頸略收，方腹弧壁較鼓，方圈足，兩側有鋪首。通體素面無飾。口沿下刻銘文三十五字，係兩次刻成，記器名、使用地點、容量、重量、製作年份和工匠名等。銘文字體極工整。

五四　鎏金漆繪雲紋壺

西漢早期
高四二·八、口徑一六·二厘米
一九七六年廣西貴縣羅泊灣出土
廣西壯族自治區博物館藏

蓋略隆起，設三個鳳形鈕。直口，束頸，圓鼓腹，肩兩側置鋪首銜環耳，圈足。器表鎏金，以黑漆繪出圖案，頸飾三角形幾何紋，腹飾卷雲紋，裝飾華美。

五五　魚形扁壺

西漢早期
高三一·八、腹橫二三·九厘米
上海博物館藏

壺作柔和豐腴的魚形，頸爲魚頭，腹作魚體，圈足是魚尾，將魚的特點與器形巧妙地結合起來，造型設計頗具匠心。魚是漢代常見的裝飾題材，象徵豐穰。

五六　錯金銀銘文壺

西漢中期
高四〇、腹徑二八、圈足徑一八・二厘米
一九六八年河北滿城陵山中山靖王劉勝墓出土
河北省博物館藏

壺蓋爲弧面形，蓋緣下微鼓，作子口納入壺中。蓋飾三環狀鈕，壺小口微侈，鼓腹，飾雙鋪首銜環，高圈足。口、肩、腹部亦微凸起寬帶紋將壺身分爲三段，蓋沿、口沿及圈足爲素面。在肩、腹部寬帶紋上錯出龍虎相斗的生動圖案。蓋中心錯一蟠龍，三環鈕間錯回旋狀排列的銘文「[illegible][illegible]蓋」三字。頸銘：「蓋圜四叕，儀尊成壺。」上腹部銘：「盛兄盛味，于心佳都，撎于。」下腹部銘「口味，充閏血膚，延壽却病。」銘文有省筆，花紋和銘文都是用纖細金銀絲錯出，異常精巧美觀，顯示了金屬細工方面的卓越成就，是西漢銅器中罕見的藝術珍品。

（徐志芬）

五七　提鏈壺

西漢中期
高三〇・六、口徑九・四厘米
一九六八年河北滿城陵山中山靖王劉勝墓出土
河北省博物館藏

壺身似橄欖形，小直口，小平底矮圈足。蓋作覆鉢形，蓋面飾凸弦紋四周，飾對稱等距的小環鈕四個，鈕上各繫以短鏈，鏈末端的一環較大。在壺身的肩部也相應有四小環鈕，鈕上各繫長鏈，長鏈各穿過短鏈末端的環，且相近的兩長鏈末端又以大環連接，使長鏈成爲左右兩組，可背于身上。壺在啟蓋時，必須將穿于短鏈中之長鏈鬆開，方可將蓋挪離器口。合蓋時，將長鏈從短鏈中拉緊，利用鏈環之間的卡阻作用，蓋則不會自行開啟。是一件方便携帶、美觀大方的行旅用器。

（崔永超）

五八　楚大官壺

西漢中期

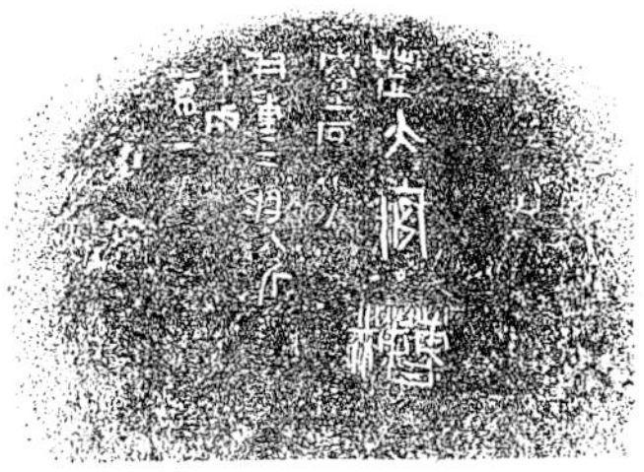

高五九·五、腹徑三七、圈足徑二二·六厘米
一九六八年河北滿城陵山中山靖王劉勝墓出土
河北省博物館藏

壺小口微侈，鼓腹，圈足，帶蓋。上腹部飾一對鎏金鋪首銜環。蓋面飾三隻鎏金夔鳳，外周有鎏金的寬細帶紋各一道，蓋緣部分作鎏銀卷雲紋，子口鎏金，卷雲狀鈕鎏銀。口部和圈足飾鎏銀卷雲紋帶，頸部飾金銀相間的三角紋帶，腹部四條獨首雙身的金龍蟠繞上下，龍間綴以流暢的金色卷雲紋。壺身各紋帶之間加鎏金帶紋一至三道。壺底刻有銘文：「楚大官，槽，容一石□，并重二鈞八斤十兩，第一。」通體用鎏金銀裝飾，全壺金銀相映，光彩奪目。

（徐志芬）

五九　變形龍紋壺

西漢中期
高二九·八、腹徑一五·七厘米
一九六八年河北滿城陵山中山靖王劉勝妻竇綰墓出土
河北省博物館藏

長頸，圓腹，平底，附圈足。壺蓋微隆起，兩側各有一鋪首銜環，環上繫鏈索，鏈身飾卷雲紋。鏈索又穿過器蓋兩側的環，上以弓形提梁相聯結，提梁兩端作獸首形。蓋頂內飾四葉紋，外爲勾連卷雲紋。壺身肩頸部飾蕉葉紋，蕉葉內填卷雲紋。蕉葉下飾卷雲紋圖案一周。壺腹部以凹弦紋爲界飾四周變形龍紋帶。圈足飾斜角卷雲紋兩周，足內殘留有鑄口痕。

（崔永超）

六〇　鎏金壺

西漢中期
高三七、口徑一二·九厘米
一九八三年廣東廣州象崗出土
南越王墓博物館藏

直口，束頸較長，斜肩，鼓腹，腹兩側有鋪首銜環，圈足。頸、腹有三道較寬的凹箍紋。通體鎏金。

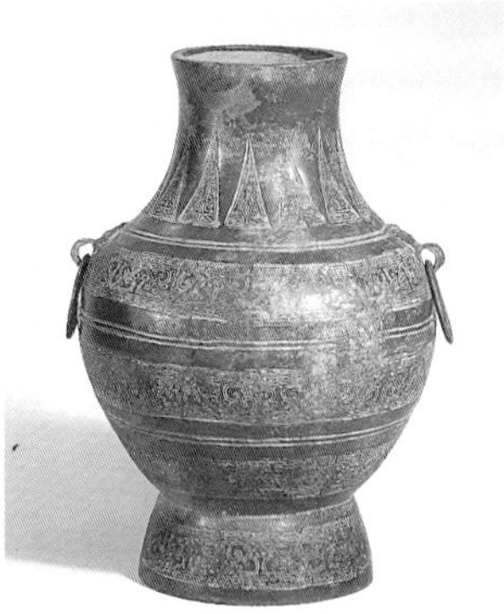

六一　幾何雲紋壺

西漢中期
高二九・九、腹徑二〇・八、圈足徑一三・七厘米
一九六八年河北滿城陵山中山靖王劉勝妻竇綰墓出土
河北省博物館藏

壺口微侈，短頸，鼓腹，平底，附圈足。肩兩側有鋪首銜環各一，頸部飾蕉葉紋一周；腹部自肩以下雙道凹弦紋爲分界飾三周花紋帶，花紋帶上下爲索狀紋，內飾連續的幾何紋和卷雲紋。圈足紋飾與腹部花紋帶相同。此壺造型穩重，花紋製作精細。

（徐志芬）

六二　中山內府鍾

西漢中期
高四五・三、腹徑三四・五、圈足徑一九・五厘米
一九六八年河北滿城陵山中山靖王劉勝墓出土
河北省博物館藏

小口微侈，鼓腹，圈足，無蓋。上腹部有鋪首銜環一對。口沿、肩、腹、下腹部微凸起寬帶紋各一道。肩部寬帶上刻銘文四行：「中山內府鍾一，容十斗，重（缺文），卅六年，工充國造。」銘文中關于容量、重量的記載爲研究漢代度量衡制度提供了新資料。關于年代的銘文對判斷墓主人身份提供了重要證據。

（徐志芬）

六三　甄氏壺

西漢中期
高四五、口徑一四・二厘米
一九六八年河北滿城陵山中山靖王劉勝墓出土
河北省文物研究所藏

壺口微敞，束頸，鼓腹，高圈足。有蓋，蓋上飾三雲形鈕。腹部有一對鋪首銜環。肩、腹部及圈足下段飾鎏銀寬帶紋，蓋緣、壺口及圈足上部飾鎏金寬帶紋。蓋

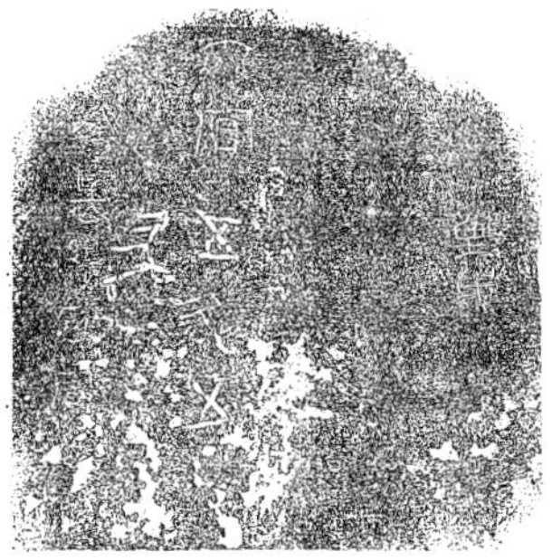

鈕、鋪首銜環均鎏金。蓋面及壺身飾鎏金斜方格紋，其交叉點上鑲嵌銀乳釘，方格內填嵌綠琉璃。色彩艷麗，莊重華貴。壺蓋子口上刻「甄氏」二字，器底刻有「甄氏，大官，五斗五升，今長樂飤官」等字。「大官」即「太官」，據《漢書·百官公卿表》記載，太官是少府的屬官。「長樂飤官」即長樂食官，主膳食。此處「長樂食官」應爲少府詹事的屬官。由此可見此壺曾爲長樂宮中所有，皇家所用之物。

（冀艷坤）

六四　鏤空雲紋壺

西漢晚期
高四一、口徑一三厘米
一九七五年廣西賀縣鋪門出土
廣西壯族自治區博物館藏

蓋微隆，蓋頂設一鈕。直口，直頸較長，斜肩，鼓腹較扁，頸兩側有環耳，圈足較高外侈。自頸及腹有五條較寬的凹箍紋，將紋飾分爲五層，頸上層爲三行圈點紋，頸下層爲三角紋，間飾珠紋，肩、腹部爲三層排列密集的珠紋。圈足爲上下兩層鏤空的雲紋。此器造型、紋飾具有鮮明的地域特色。

六五　上林鍾

西漢晚期
高四五·五、口徑一八·三厘米
一九六一年陝西西安高窰村出土
西安市文物保護考古所藏

口略侈，頸較高，鼓腹，圈足，肩有一對鋪首。除三道較寬的凸帶紋外，別無紋飾。肩部銘刻「上林」二字，腹部鑄銘「九江共」。　本圖攝影：郝勤建

六六　雙龍提梁壺

東漢早期
高三三、口徑七、足徑一七·五厘米
一九八〇年山東蒼山卞莊鎮柞城古城遺址出土
蒼山縣文物管理所藏

器呈蒜頭形，縮口，短頸，圓肩，鼓腹，喇叭口狀圓圈足。腹部飾凸弦紋。提梁把二龍身相連，二龍首下伸張口銜環，環扣二獸形鋪首，小鼻鈕。

（金愛民）

六七　元和四年黃陽君壺

東漢早期
高三六、口徑一六、足徑二一·五厘米
一九八〇年山東蒼山卞莊鎮柞城古城遺址出土
蒼山縣文物管理所藏

器呈盤口，平沿，斂頸，圓鼓腹。二獸形鋪首銜環。腹部飾多道凸弦紋。八棱式圓圈足，外敞，外部陰刻隸書銘文：「元和四年，江陵黃陽君作，宜子孫及酒食。吏人得之，致二千石；□人得之，致二千萬；田家得之，千尉萬倉。」

「元和」係東漢章帝年號，四年即公元八七年。

（金愛民）

六八　雙龍提鏈壺

東漢中晚期
高三八厘米
一九八七年貴州興仁出土
貴州省博物館藏

蓋作覆盆形，平頂有一環鈕，兩側有穿鈕。盤口，束頸較長，鼓腹，高圈足。肩部有鋪首銜環，有長活鏈與提梁相連，提梁作雙龍形，原應有鏈與蓋相連，現已佚失。腹飾橫條溝紋。

本圖攝影：孫之常

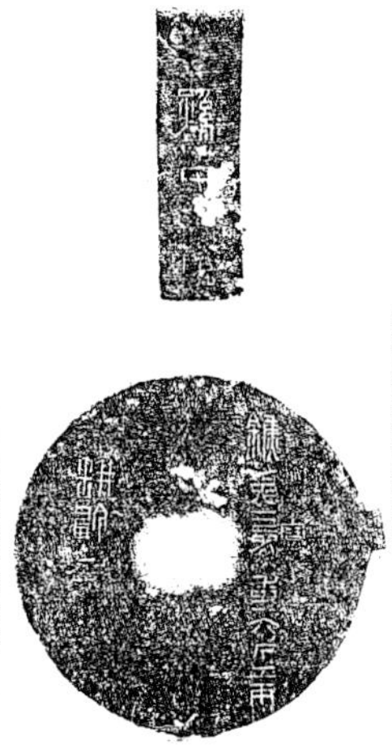

六九　提梁壺

東漢晚期

高三一·五、口徑一一·六厘米

江西省博物館藏

侈口，長束頸，溜肩，鼓腹，喇叭狀高圈足。肩部對稱有兩個鋪首銜環，頸靠口沿處有兩個環形鈕，連接一扁弧形提梁，提梁飾雙首共體龍紋，龍口分別銜頸部環鈕。蓋隆起，中央有一半球形鈕。蓋緣對稱有兩個環形鈕，每環均套一截「8」字形鏈條，下端分別與鋪首之銜環連接，使蓋與壺身連爲一體。肩腹部飾弦紋兩周，蓋素面。

（王寧）

七〇　孫氏家鐎

西漢中期

高一二·七、腹徑一五厘米

一九七六年山西太原東太堡出土

山西省博物館藏

扁球體腹，有蓋，曲頸鳳首流，腹側有一長方形中空曲柄，腹下三個熊形足。素面無紋。蓋刻銘文，柄上刻「孫氏家」三字。

七一　鳥流鐎

西漢晚期

高一三·二、口徑七厘米

一九八五年江蘇邗江姚莊出土

揚州市博物館藏

蓋面微隆，有一鈕，扁球體腹，腹側有長方形中空柄，腹下三蹄足，鳥首形流設計較奇巧，鳥嘴可張開，利用鉚接鳥嘴的鉚釘作鳥目，較爲獨特。

七二　虎鋬盉

東漢中期
高一三·八、腹徑一三厘米
一九七〇年江蘇徐州出土
南京博物院藏

器身如壺，侈口，束頸較細，鼓腹，圈足。彎曲的管狀流上有一伏鳥，鋬作立虎形，前足攀于器口，後足踏于腹上，昂首卷尾似作虎嘯狀。頸飾一道凸弦紋，腹飾三道弦紋。此盉造型奇異，于盉類器中罕見。

七三　朱雀銜環杯

西漢中期
高一一·二、寬九·五厘米
一九六八年河北滿城陵山中山靖王劉勝妻竇綰墓出土
河北省博物館藏

器形作朱雀銜環矗立于兩高足杯之間的獸背上。通體錯金，并鑲嵌綠松石。朱雀昂首翹尾作展翅欲飛狀，喙部銜一可自由蕩動的玉環，兩足直立于獸背上，頸腹部鑲綠松石。獸作匍匐狀，昂首張口，四足分踏在兩側高足杯的底座上。高足杯作豆形，粗把，喇叭形座；杯口與朱雀的腹部兩側相連。杯內外飾錯金柿蒂紋，杯座錯卷雲紋一周；杯外嵌圓形及心形綠松石。出土時高足杯內尚存朱紅色痕跡，推測可能用來放置化妝品。該器製作精美，雀、獸造型生動，爲漢代出土文物中罕見的藝術珍品。

（崔永超）

七四　鎏金菱形紋杯

西漢中期
高一四·五、口徑五·五厘米
一九六八年河北滿城陵山中山靖王劉勝墓出土
河北省博物館藏

器身作口大底小之直筒形，矮圈足。蓋似弧面形，作子口，蓋頂有環鈕，蓋面飾三圈凸弦紋。杯通體飾菱形花紋。口沿、圈足和蓋緣、環鈕、凸弦紋均鎏金。

（崔永超）

七五　鎏金菱形紋鋗

西漢中期
高六、通長二〇・九厘米
一九六八年河北滿城中山靖王劉勝墓出土
河北省文物研究所藏

橢圓形，敞口，弧腹，平底。一端附有一耳，作鎏金鳳鳥形象，鳳回首銜住鳳尾，姿態柔和優美。鋗口沿及底邊鎏金，四道鎏金豎帶將器身分爲四格。器身和底部飾菱形花紋。

（冀艷坤）

七六　陽信家温酒爐

西漢中期
高一〇・三厘米
一九八一年陝西興平豆馬村出土
茂陵博物館藏

由爐體與耳杯組成。爐體橢圓形，直壁，平底，三蹄足，有一曲折形長柄。爐口沿有四個方形支柱，以承耳杯，爐壁三角形鏤空，爐底有兩排條形排灰孔，下有承灰盤。爐壁、杯側刻有銘文。

七七　四神温酒爐

西漢晚期
高一二厘米
一九八三年山西朔縣出土
平朔考古隊藏

由耳杯、爐體、承盤組成。爐體爲長方形，上部有鏤空朱雀、玄武、青龍、白虎四神，圍欄上有支柱，以承耳杯，爐下有四個作背負狀的人形足，爐側有曲折長柄。承盤爲橢方形淺盤，口沿略折。

本圖攝影：李建生　（李建生）

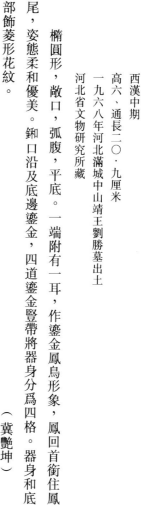

七八　四神温酒爐

西漢晚期
高一一．五、長二四厘米
一九八三年山西太原尖草坪出土
山西省博物館藏

耳杯失佚，僅存爐體與承盤。爐體長方形，上爲鏤空朱雀、玄武、青龍、白虎四神，有曲折形長柄，四個人形足背負手托以承爐體。

七九　漆繪人物禽獸紋筒

西漢早期
高四二、口徑一四厘米
一九七六年廣西貴縣羅泊灣出土
廣西壯族自治區博物館藏

器如竹筒，直壁，圈足，蓋微隆，設一環鈕。提梁兩端作獸首形，銜活鏈與器腹鋪首相聯。通體用黑漆繪出紋飾，蓋飾卷雲紋。器身紋飾分爲四段，每段各自構成一個完整的畫面，內容有人物、禽獸、花木、雲氣、山嶺等，似爲表現某種神話題材。紋飾線條洗練流暢，人物形態生動自然，表現出製作者嫻熟的繪畫技巧。

八〇　幾何紋筒

西漢早期
高三六、口徑三五．五厘米
一九七六年廣西貴縣羅泊灣出土
廣西壯族自治區博物館藏

圓筒形，上大下小，平底，內凹成圈足，腹上部兩側有環形附耳，附耳內有豎形貫耳。上下共四條紋飾帶，飾弦紋、直線紋、勾連菱形紋等幾何形圖案。此類筒同出共四件，形制相同，大小遞減，紋飾大同小異，此爲最大者。出土時有覆盤形木蓋，蓋頂有柱狀鈕。

八一　幾何紋筒

西漢中期
高五〇、口徑四五·八厘米
一九八三年廣東廣州象崗出土
南越王墓博物館藏

子口，深腹圓筒，略呈上大下小，環形附耳，附耳內有柱形貫耳。腹飾幾何紋三組，第一組上下以三角形鋸齒紋及連環圈點紋爲欄，中間飾雙線的勾連菱紋；第二組也以連環圈點紋爲欄，間飾勾連形雙圈紋；第三組上下欄與第一組相同，唯中間爲一道素面。此類提筒多在廣東、廣西漢墓中出土，形制、紋飾大同小異，具有鮮明的地域特色。

八二　龍首灶

西漢晚期
高一八、長七二、寬二七厘米
一九七一年廣西合浦出土
廣西壯族自治區博物館藏

灶呈上窄下寬的長方形。面設三穴，前後穴置兩釜，釜口沿外折，鼓腹，圜底，肩飾弦紋一道，兩側有環耳；中穴置一甑，口沿內斂，腹壁斜收，平底，兩側設鈕，腹內底有箅孔。灶後端置龍首形烟道管。

八三　獸首灶

西漢晚期
高二七·一、長三四·三、寬二一·八厘米
一九八二年山西朔縣出土
平朔考古隊藏

灶身略呈船首形，面設三穴，前兩穴并列置釜，後一穴置甑，甑設平頂圜形高蓋。蓋、灶身兩側各有鋪首銜環。下爲四蹄足。後部有獸首烟道管。

本圖攝影：李建生

八四　灶

西漢晚期
高一三·五、長四七·七、寬二九·七厘米
一九八五年江蘇邗江出土
揚州市博物館藏

灶呈長方形。面設三穴，前後穴置鍋形器，前者直口，兩側設環耳，深腹，圜底，後者斂口，鼓腹，平底。中穴置甑、釜。甑寬平沿，口微侈，圈足，內底有箅孔，釜可與甑套接　灶後端設烟口。

八五　方爐

西漢早期
高一一、長二四、寬一五厘米
一九七八年山東臨淄窩托出土
臨淄齊國故城遺址博物館藏

長方形四阿式蓋，蓋頂鏤空，前後有鋪首銜環。爐沿作曲尺形外侈，直壁兩層，中間有箅相隔，上層前後有長條形鏤空氣孔，各有兩個鋪首銜環，下層左右有方形出灰口。平底四蹄足。

（劉學連）

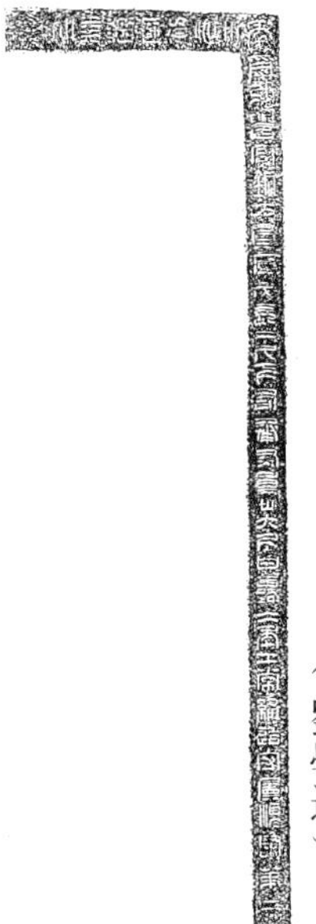

八六　弘農宮方爐

西漢晚期
高一六、長四七·五、寬二三·七五厘米
一九六九年陝西西安出土
陝西歷史博物館藏

分爲上下兩部分，均呈方盤形，寬平折沿，四角處有馬蹄形足。上器爲爐，底作長條形箅孔。爐沿有銘文四十二字。銘文先後刻于甘露二年（公元前五二年）和初元三年（公元前四六年）。此器原爲弘農宮之物，初元三年調至上林榮宮。

本圖攝影：郝勤建

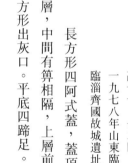

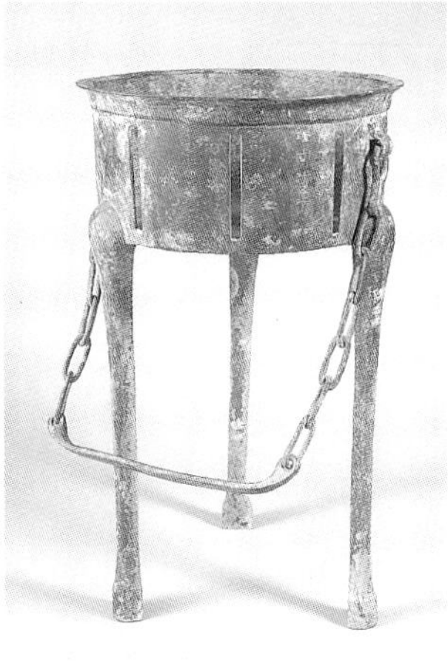

八七　陽信家爐

西漢中期
高三七·四、口徑二三·一厘米
一九八一年陝西興平茂陵出土
茂陵博物館藏

爐身圓形，口略侈，淺腹，爐壁有長方形鏤孔，兩側置鈕與提鏈相連。下設三蹄形高足。外壁有銘文二行九字：「陽信家銅爐，容斗五升。」陽信爲漢武帝姊陽信長公主。

八八　上林豫章觀鑑

西漢晚期
高四五、口徑七〇·五厘米
一九六一年陝西西安高窰村出土
西安市文物保護考古所藏

寬折沿，頸略收，腹微鼓，平底。環形附耳，腹前後有環鈕。腹飾一周寬凸箍，上有凸弦紋。口沿刻銘文：「上林豫章觀銅鑒，容五石重九十九斤，初元三年，受東郡。」另有一行六字：「第四百九十五。」

本圖攝影：郝勤建

八九　上林鑑

西漢晚期
高四四、口徑六三厘米
一九六一年陝西西安高窰村出土
西安市文物保護考古所藏

寬折沿，腹略鼓，環形附耳。器底鑄一鳥紋，其輪廓似由一筆畫成，意趣盎然。腹飾一周寬凸箍帶，上有弦紋。腹壁刻銘三行二十九字：「上林銅鑒，容五石重百卅二斤，鴻嘉三年四月，工黃通造，八十四枚第卅二。」

本圖攝影：郝勤建

九〇　人形足洗

西漢晚期

高一五、口徑二六・五厘米

首都博物館藏

卷沿，深腹下斜收，平底，三個雙手叉腰的人形足，兩側有鋪首銜環。腹部有寬箍帶，上飾弦紋。

九一　魚鳥紋洗

東漢晚期

高二二、口徑四六・五厘米

遼寧省博物館藏

盤口，腹略鼓，平底，腹兩側有鋪首。內底正中鑄「永興元年堂狼造」陽文款，兩側飾陽線勾勒的魚鳥紋，魚口吐泡，鳥則隔行佇立，注之以目。

九二、九三　鼎紋洗

高一六、口徑三四・底徑二〇厘米

寬口沿外敞，深腹略鼓，平底。腹飾四道凸弦紋。兩側設獸形鋪首。內底中心鑄一鼎形紋，環飾六座山峰，間以四瓣花紋，鼎上端有「囗永作」銘文。

（金愛民）

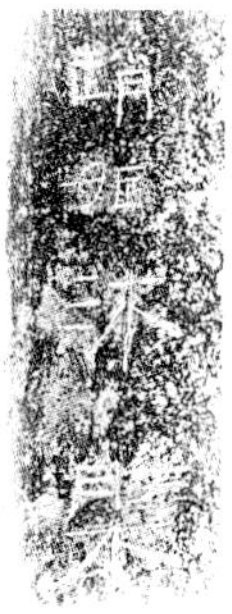

九四　漆繪人物魚龍紋盆

西漢早期
高一三·五、口徑五〇厘米
一九七六年廣西貴縣羅泊灣出土
廣西壯族自治區博物館藏

寬折沿，直壁，圜底，腹壁設四個鋪首銜環。腹壁內外以黑漆繪出紋飾，口沿上繪菱形圖案，腹內壁繪出兩條體軀起伏作游動狀的長龍，龍口含珠，有魚游于其間。腹外壁所繪以人物活動爲主，以四個鋪首相間隔分爲四組，每組內容相對獨立，連起來似爲敘述某一歷史事件。

九五　趙姬沐盤

西漢中晚期
高一五·六、口徑六八·五厘米
一九八二年江蘇徐州石橋出土
徐州市博物館藏

寬折沿，淺腹，圜底。通體鎏金，無紋飾。腹外壁刻銘文「趙姬沐盤」四字。

九六　龍首魁

西漢晚期
高四·四、口徑二四·二厘米
一九七一年廣西合浦望牛嶺出土
廣西壯族自治區博物館藏

圓口略侈，頸稍收，腹下收，平底，一側有長柄，柄作龍首形。飾三角形、菱形等幾何紋，以及層疊的羽片紋。魁爲古代食勺，用以舀羹。

本圖攝影：王夢祥

九七　長信宮燈

西漢中期
高四八厘米
一九六八年河北滿城陵山中山靖王劉勝妻竇綰墓出土
河北省博物館藏

外形作宮女跪坐執燈的形象。通體鎏金，燦燦發光。體內中空，無底。由頭、身、右臂、燈座、燈盤和燈罩六部分組成。宮女頭上梳髻，戴有頭巾，身穿廣袖內衣，外著右衽長袍，腰束帶，衣袖寬大。右臂高舉起烟道作用，左臂托燈盤，燈罩由內外兩片弧形屏板圍合，帶柄燈盤直壁平底，邊有凹槽，屏板嵌在其間可左右推動，盤心有一蠟扦，燈座形似豆，分上下兩部分，可拆卸。共刻有銘文六十五字。據銘文推測其製作時間爲漢文帝七年（前一七三年）或劉揭「中意七年」（前一五九年）。此燈設計十分精巧，宮女造型極其生動，燈之各部分作有機聯繫，可隨時拆卸組裝，并可隨意調節照度大小和照射方向。燭火的烟炱可通過宮女的右臂進入體內，以保持室內清潔。這是一件十分罕見的漢代藝術珍品。（吳杏全）

九八　當户燈

西漢中期
高一二、燈盤徑八·五、盤高一·六厘米
一九六八年河北滿城陵山中山靖王劉勝墓出土
河北省博物館藏

作人托燈狀。銅人半跪，右膝着地，左手按左膝，右手上舉，支托燈盤。燈盤敞口，直壁，平底，盤心有燭扦。燈盤和人分別鑄成，在人之右臂上用銅釘鉚合。燈盤壁刻銘文：「御當户錠一，第然于。」「當户」係匈奴官名。此人似著胡服。衣後部束成長尾狀拖曳于地，以支持燈座不致傾倒。手有臂構，脚著長靴。鑄匈奴官吏的形象來跪擎銅燈，反映了當時西漢和匈奴之間的民族矛盾。（趙衛平）

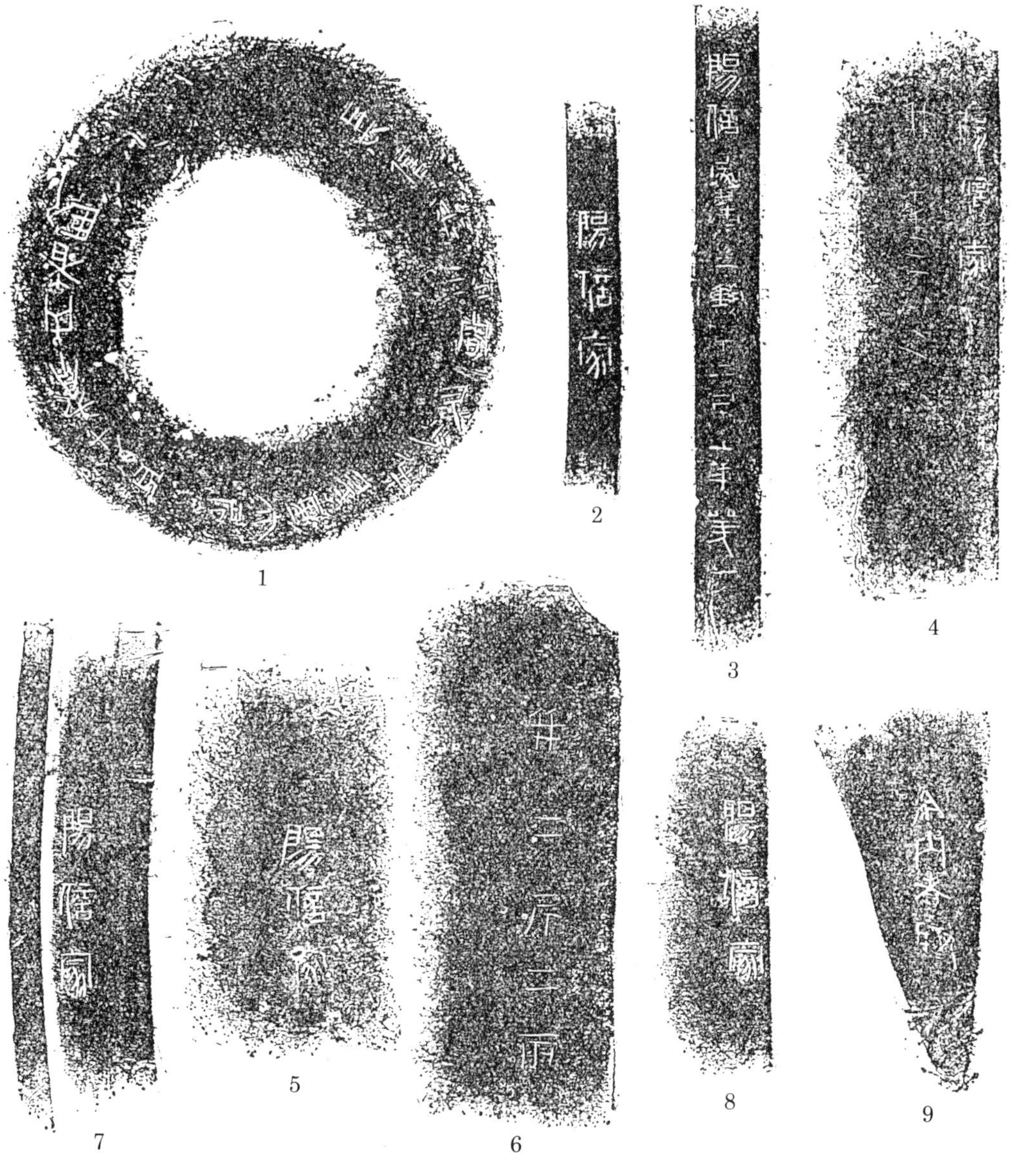

長信宫燈銘文拓片

1.上部燈座底部周邊銘　2.上部燈座底部外側銘　3.下部燈座外側銘　4.燈罩屏板外片銘　5、6.燈罩屏板内片銘　7.燈盤外側銘　8.宫女右臂外側銘　9.宫女右下衣角銘

九九　人形懸燈

東漢晚期
高二九、長二八厘米
一九七四年湖南長沙徵集
湖南省博物館藏

由燈盤、人形、懸鏈三部分組成。燈盤呈扁圓形，盤心有燭柱，柱旁有很小的方形輸液口，與人形相通。人形裸體，卷髮束髻，高鼻大眼，匍匐仰首，雙掌前伸捧起燈盤。體內中空，可作爲儲液箱，背部設蓋以便集取燈液。雙肩、臀部設三環鈕，與三條活鏈相結，繫于一圓蓋上，蓋頂立一鳳鳥，開屏展翅。其上爲用于懸掛活鏈。人形具有西域民族特徵。此燈造型新奇，重心平穩，頗具匠心。

一〇〇　羽人座燈

東漢
高三〇·五、底徑一一·八厘米
一九七三年廣西梧州出土
梧州市博物館藏

由燈座、燈柄、燈盤三部分組成。燈座略呈圓錐體，飾有三組浮雕，均作騎士駕馭怪獸奔馳狀。燈柄下端盤坐一羽人，頭頂一柱，柱上端爲一龍首銜柱，插入上面燈盤中央的套管。燈盤爲三足圓盤，一側設單柄。

本圖攝影：王　露

一〇一　雁魚燈

西漢晚期
高五三、長三四·五厘米
一九八五年山西朔縣出土
平朔考古隊藏

整體作鴻雁回首銜魚佇立狀。由可自由拆裝的雁頸首、雁體、燈盤、燈罩四部分套合而成。雁首有冠，圓眼突睁，嘴銜一肥魚，長頸與雁體以子母口相接。體寬，兩側有羽翅，雙掌并立有蹼。魚下接燈罩蓋。通體飾有彩繪紋飾。

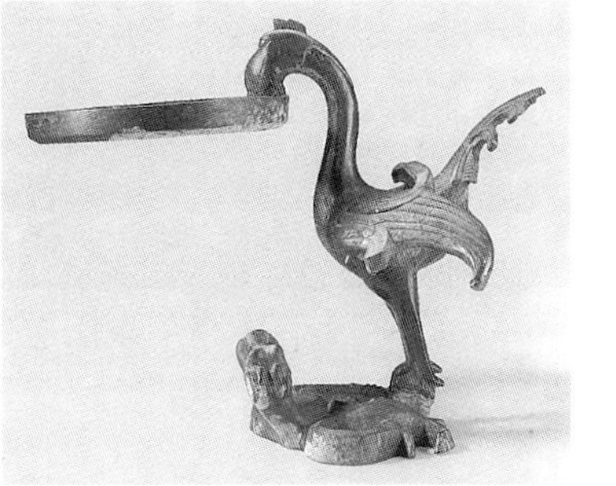

一〇二　鳳燈

西漢晚期
高三三、長四二厘米
一九七一年廣西合浦出土
廣西壯族自治區博物館藏

整器呈回首鳳鳥狀。鳳首帶冠，嘴銜燈罩，長頸由兩套管銜接，可自由拆裝和轉動，便于調節燈光。頸、身中空，可容納烟灰。背部有一圓孔，放置長柄燈盤。腹部下垂，短足。鳳尾及地，便于平衡。器身通體刻細羽紋。

一〇三　朱雀燈

西漢中期
高二六·四、寬二四·五厘米
一九八三年廣東廣州象崗出土
南越王墓博物館藏

朱雀作昂首展翅佇立狀。頂部有燭扦，自頸以下及雙翅遍刻鱗片羽飾。尾開口呈雙頁扇形，用于插尾羽。通體鎏金。同出一對，形制相同。

一〇四　朱雀燈

西漢中期
高三〇、盤徑一九厘米
一九六八年河北滿城陵山中山靖王劉勝妻竇綰墓出土
河北省博物館藏

朱雀昂首翹尾，嘴銜燈盤，足踏蟠龍，作展翅欲飛狀。雙翅和尾部陰刻纖細的羽毛狀紋。燈盤爲環狀凹槽，內三等分爲三格，每格各有燭扦一個。蟠龍身軀卷曲，龍首上揚。燈盤、朱雀和蟠龍三部分係分鑄後再接鑄在一起的。此燈造型優美，形象生動，結構合理。經鑒定含鉛占百分之一七·二一，比一般銅器爲高。因而燈體較厚重平穩，并且有加强合金流動性和降低合金熔點的特點，易于鑄造。

（吳杏全）

一〇五 鳥柄燈

西漢早期

高一三·二、盤徑一六·六厘米

一九九二年山東淄博出土

淄博市博物館藏

上部爲圓形燈盤，中央有一錐形燭柱，中部粗把呈倒葫蘆形凸起，下部是喇叭形圈足。在燈盤底部一側伸出一圓形柄，其上鑄刻一隻低首引頸、口銜盤沿的小鳥，鳥足用銷固定在柄上。鳥的兩翅并攏，尾部上翹并呈扇形散開，正適于人手把持，其目、喙、羽毛刻畫精確細緻，形神兼備，寫實性極强。（徐龍國）

一〇六 雁足燈

西漢晚期

高三五、盤徑二一厘米

一九九二年山東臨淄出土

臨淄齊國故城遺址博物館藏

上端爲燈盤，內有三個圓形尖突。中柱是雁足，足蹼下有一方形座。座刻銘四字。（劉學連）

一〇七 雁足燈

東漢早期

高二六·三、盤徑一三·六厘米

一九七〇年江蘇徐州出土

南京博物院藏

上端爲燈盤，中柱有三歧枝將盤托起，足蹼置于一折沿扁盤內。

一〇八 犀牛燈

西漢早期

高一三・五、長一五・五厘米

一九八二年四川涪陵出土

四川省博物館藏

燈作犀牛形，身軀渾圓，燈盤呈橢圓形，一端有一流，便于安置燈撚。體內中空可儲燈油。

本圖攝影：陳振戈

一〇九 龍形燈

西漢中期

高三三・五、長二七・八厘米

一九八三年廣東廣州象崗出土

南越王墓博物館藏

作龍形，昂首曲體盤尾，兩角間有燭扦，龍口內蹲一蛙，前肢攫住龍口兩緣。四爪攫雙蛇，蛇身向兩邊外旋，各卷繞一蛙。

一一〇 羊燈

西漢中期

高一八・六、長二三厘米，燈盤長一五・六、寬九・二、高三・二厘米

一九六八年河北滿城陵山中山靖王劉勝墓出土

河北省博物館藏

燈作卧羊式，昂首，雙角卷曲，身軀渾圓，短尾巴。羊尊的背和身軀分鑄，羊脖後置活鈕，臀上安小提鈕，可將羊背向上翻開，平放于羊頭上作爲燈盤。燈盤略呈橢圓形，作子口，在靠活鈕端有一小流嘴，估計是置燈撚用的。羊尊的腹腔中空，推測是用來儲燈油的。當燈置而不用時，可將燈盤內燃餘的燈油順小流嘴傾入腹腔內，合之則爲一精美的裝飾品。出土時，腹腔內殘留有含油脂成分的白色沉積物。此燈設計巧妙，刻畫細膩，形象逼真。

（趙衛平）

一一一　牛燈

西漢早期
高五〇、長四〇厘米
一九四九年湖南長沙北門出土
湖南省博物館藏

燈作牛形，耳下垂，兩角從背上兩側以圓管狀向上豎立，并折曲會合爲一，向下擴大呈覆碗狀作爲烟管，牛背中心有一圓孔，置長柄圓形燈盤，盤心有燭柱，腹中空，點燈時烟可通過管道達到腹中，以保持室内空氣清新。右側刻銘十字：「勅廟牛燈曰，禮樂長監治。」此燈當是長沙王劉發或其後代宗廟用器。

一一二、一一三　錯銀牛燈

東漢早期
高四六、長三六·四厘米
一九八〇年江蘇邗江出土
南京博物院藏

燈座爲一低首欲鬥的黃牛。雙角上聳，體軀敦實，尾卷曲向上。腹中空，背負燈盤，上置兩瓣可轉動的燈罩，罩面有菱形鏤孔和小環，罩上爲一穹頂形蓋彎曲而下通向牛首，用以收集烟炱。通體飾流暢自如的錯銀獸紋。

一一四、一一五　牛燈

東漢早期
高二七、長二一厘米
一九七五年江蘇睢寧劉樓出土
南京博物院藏

燈體爲水牛狀。雙目圓睜，雙角作管狀烟道，身軀壯實尾上翹。腹中空，背部中央有一圓孔，上置帶柄燈盤，設半筒形鏤空壁罩，其上爲穹頂作蝙蝠展翅狀，頂中心歧出兩烟道與雙角相連。

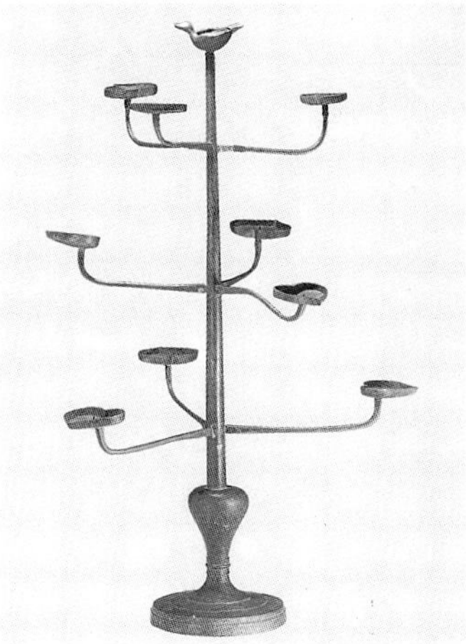

一一六　九枝連盞燈

西漢早期
高八五、底徑二〇厘米
一九七六年廣西貴縣羅泊灣出土
廣西壯族自治區博物館藏

燈作扶桑樹形，主干爲圓柱形，上細下粗，立于寶瓶形底座。主干頂端置鳥形燈盤，之下分三層向外伸出九條枝幹，每枝頂端托一桃形燈盤，盤中有燭柱。各部分均用榫卯套扣，可自如裝卸。

本圖攝影：王夢祥

一一七　爐形燈

西漢中期
高三二、爐腹徑一五·六、燈盤徑一二·二厘米
一九六八年河北滿城陵山中山靖王劉勝墓出土
河北省博物館藏

全器由三足空心爐、燈盤、燈罩、燈蓋、烟道等部分組成。爐體呈扁球形，三蹄足，肩部向上伸出一管狀烟道。燈盤作圈足盤形，圈足作母口，套置于爐上，盤壁兩重，形成凹槽用以插置燈罩之兩片屏板。外壁平伸一葉形長鋬，可調節照明方向。燈罩爲兩片弧形屏板，置于燈盤壁凹槽內。屏板對稱兩下角各有一便于推移屏板的小鈕，可隨意調整燈光照度和照射方向。燈蓋形如覆鉢，置于燈罩上，蓋頂上伸出一向下彎曲的管形烟道，與爐身伸出之管狀烟道銜接。點燃之烟炱通過烟道，下沉于爐內，以保持室內清潔。燈的各部分可以拆卸，便于清除污垢。該燈設計合理，工藝精良。

（趙衛平）

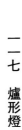

一一八　鎏金熏爐

西漢早期
高一四·四、口徑九·三厘米
一九七九年山東淄博出土
淄博市博物館藏

帶蓋，通體鎏金。子母口微斂，鼓腹，腹上部飾一周凸帶紋，并有一對鋪首銜環，高柄座，中部呈竹節狀凸起，圈足。穹窿形蓋，頂上有一環形鈕，周圍透雕兩條首尾相銜的盤龍，飾羽翅，彎曲纏繞。

爐足部内側刻銘兩次，重量有所不同，反映了當時衡制的變化。

（徐龍國）

一一九　鎏金蟠龍紋熏爐

西漢中期
高二二·三、口徑一四·二厘米
一九七二年江蘇銅山出土
南京博物院藏

爐體作扁圓形，上端爲蓋，飾透雕蟠龍紋，中心設鈕貫環，腹壁兩側置鋪首銜環并飾雙線雲氣紋，下設三鳥支柱接柄形圈足，圈足飾垂葉紋。通體鎏金。

一二〇　獸足熏爐

西漢中期
高二八·五、承盤徑三〇厘米
一九六八年河北滿城陵山中山靖王劉勝墓出土
河北省博物館藏

爐身敞口，束鼓腹，大平底，下有獸踩朱雀形三高足，頗爲生動，腹部有對稱四環鈕，鈕下飾寬帶凸弦紋一周，底部中心鏤一小圓孔。周有十二個長方形孔，作四邊對稱排列。蓋呈球面形，上有一環鈕，蓋面鏤圓形孔十二個，作兩圈排列，内圈四個，外圈八個，孔徑二點三厘米。鼎形爐下有承盤，盤圓形，直壁折沿，平底，盤壁上開一流狀缺口，焚香時灰燼自爐底落入承盤，從缺口處加以清除。造型極其精巧。

（吴杏全）

一二一　鎏金熏爐

西漢中期

高七、口徑四厘米

一九八一年陝西興平茂陵出土

茂陵博物館藏

形制較小，呈扁圓體，蓋爲菱形鏤空的半球形，設鈕貫環，并飾有柿蒂紋。爐身圓腹圜底，下爲圓柱柄固定在淺盤形底座上。

一二二　百鳥朝鳳熏爐

東漢晚期

高二〇·五、腹徑一二厘米

一九七三年河南滎陽出土

鄭州市博物館藏

體呈球形。蓋鏤空，頂部中央一立鳳展翅欲翔，周邊環飾六鳥作仰視狀。爐身圓腹，圜底，口沿置花飾。下設三蹄足。爐身置于三足承盤內。

本圖攝影：王蔚波

一二三　鴨形熏爐

西漢晚期

高一五·八、長一八·六厘米

一九八二年山西朔縣出土

平朔考古隊藏

爐體爲昂首挺立的鴨形，額頂刻有羽紋，長頸，背脊略隆，爲可啟閉的爐蓋，并飾透雕纏繞的卷雲紋，下有承盤。

本圖攝影：李建生

一二四 曲折紋熏爐

西漢早期
高一四・六、邊長四・三厘米
一九五六年廣東廣州出土
廣州市博物館藏

爐體呈方形。隆蓋，飾鏤空曲折條紋，頂設小鈕。器身直口，口沿下飾鏤空V字形紋，腹略鼓，粗柄中央凸出。出土時爐腹內殘存炭粒狀香料。

一二五 四連體方熏爐

西漢中期
高一四・四厘米
一九八三年廣東廣州象崗出土
南越王墓博物館藏

爐由四個互不連通的方形圜底小盒組成，共用一方形爐蓋，蓋面分四格，每格隆起，各設一半環鈕。蓋及爐身上部氣孔均作曲折鏤空。座呈方柱形，上端呈兩級收束，束腰，下端寬展成方座足。

一二六 鎏金博山爐

東漢早期
高三二、盤徑二六厘米
一九八〇年江蘇邗江出土
南京博物院藏

由蓋、身、柄、盤組成。蓋隆作崇山狀，似層巒疊嶂，每座山嶺下均有一透雕鏤孔。爐口略斂，淺腹，外壁一圈弦紋，圜底竹節形承柱，立于承盤中央。通體鎏金。

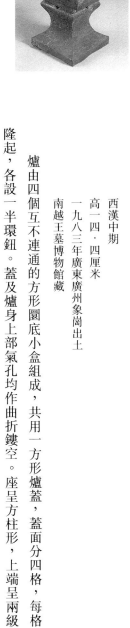

一二七　龜鶴博山爐

西漢中期
高二四・五、盤徑一九厘米
一九八二年山西朔縣出土
平朔考古隊藏

博山蓋，圓腹，支柱被一展翅昂首翹尾的立鶴銜住，下踏一龜，龜揚首趴在承盤內。

本圖攝影：李建生

一二八　力士騎龍博山爐

西漢中期
高三二・三、底盤徑二二・三厘米
一九六八年河北滿城陵山中山靖王劉勝妻竇綰墓出土
河北省博物館藏

由爐蓋、爐身、底盤三部分組成。底盤折沿、淺腹平底，上飾鎏銀同心圓和一組柿蒂紋。爐盤中部爲一騎龍力士。力士上身裸露，下身著短褲，腰繫帶，屈膝騎在卧獸上，左手撑于獸頸，右手擎托爐身，矯健有力。龍昂首跪卧，張口欲噬，頸部前伸作挣扎狀。爐身子母口，圓鼓腹，底部有一小圓座和力士右手鉚焊在一起，爐壁飾寬帶紋一周并有鎏銀流雲紋圖案。爐蓋透雕分爲上下兩層。上層鑄出重巒叠嶂的山形，流雲四繞，在雲山間有虎熊出没，人獸搏鬥及人物驅牛車的場面；下層鑄龍虎、朱雀、駱駝以及草木雲氣紋飾，形象生動、逼真、整體雕鏤精細，造型優美。

（吳杏全）

一二九　錯金雲紋博山爐

西漢中期
高二六、腹徑一五·五厘米
一九六八年河北滿城陵山中山靖王劉勝墓出土
河北省博物館藏

爐身似豆形，作子口，蓋有博山，通體用金絲錯出流暢的花紋，所用金絲有粗有細，或如毫髮，或如隨風飄蕩的流雲，圈足飾錯金卷雲紋。座把透雕成三龍騰出水面，以龍首頂托爐盤狀。爐盤飾錯金流雲紋，線條活潑流暢。爐盤上部及蓋鑄出高低起伏、挺拔峻峭的山巒多層。爐蓋上因山勢鏤空，山巒間神獸出没，虎豹奔走，輕捷的小猴蹲踞在巒峰高處或騎在獸背上嬉戲玩耍，獵人肩扛弓弩巡獵山間或正追逐逃竄的野猪，二三小樹點綴其間，刻畫了一幅秀麗的自然山景和生動的狩獵場面。由于細部用錯金勾勒渲染，使塑造的景色更加生意盎然，顯示了漢代能工巧匠的高度智慧和傑出的藝術創造才能。

（吴杏全）

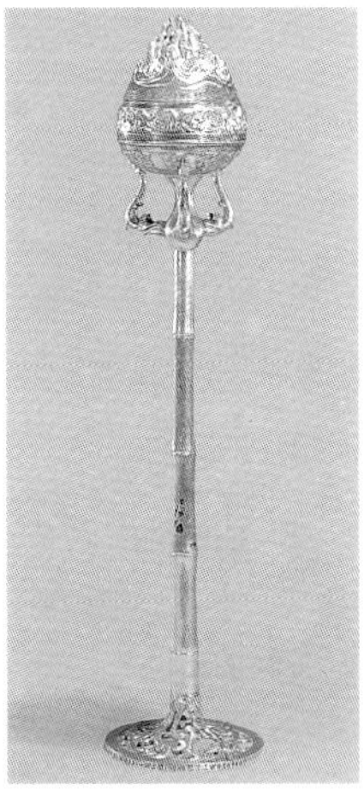

一三〇　未央宫竹節熏爐

西漢中期
高五八、底徑一三·三厘米
一九八一年陝西興平茂陵出土
茂陵博物館藏

通體鎏金銀。蓋如博山，透雕鏤孔，金銀勾勒，子母口下飾浮雕蛟龍出水。爐身突出鎏銀一圈，底作圈足，鑄出糾結蟠龍，竹節形柄自龍口而上，分成五節，并刻枝杈，柄上端歧出三蟠龍承托爐盤。爐蓋口與底座圈外側刻銘。據考證爲未央宫之器。高柄形熏爐前所未見。

一三一　**四戲俑**

西漢晚期
高五・五厘米
一九八三年山西朔州市郊出土
平朔考古隊藏

四俑姿態、表情各異，或端坐而面容愁苦，或盤腿仰身而面有喜色，應是正在表演説唱的戲俑形象。

本圖攝影：李建生

一三二　**説唱俑**

西漢中期
高七・八厘米
一九六八年河北滿城陵山中山靖王劉勝墓出土
河北省博物館藏

該俑取跪坐姿，頭戴鎏金圓帽，高髻，身穿錯金錦紋衣，袒胸露腹，腰繫帶。右手五指張開上舉至耳部，左手置于腿上，大頭左傾，臉部突出，顴骨高大，獅子鼻，尖下巴，圓耳靠上，張嘴嬉笑，表情十分滑稽，爲正在説唱的倡優人形象。造型生動、活潑，線條流暢，做工極爲精細。

（趙衛平）

一三三　**四戲俑**

西漢早期
高九—一〇厘米
一九七二年廣西西林普馱出土
廣西壯族自治區博物館藏

四男俑，均戴冠，着袍，跽坐。一人左掌舉于右肩，一人右掌向前舉于耳際，一人右掌向上置于膝上，一人則雙手撫膝。四俑形神俱備，也應屬于説唱俑一類。

一三四　四人博戲俑

西漢早期
高約七·九—九·二厘米
一九七四年甘肅靈台傅家溝出土
甘肅省博物館藏

出土時四俑相向跪坐，有長方柱形象牙棋子（三枚完整，其餘破碎）置于其間。四俑寬鼻闊嘴，皆着寬袖袍衣，袒肩裸臂。二人腦後盤束髮髻，二人包巾裹首。四俑或前趨，或後仰，或伸臂揚手，或拄地塌肩，或眉開眼笑，或瞠目怒視，或開懷大笑，或鎖眉閉目、頷首不語。作者以簡練的形體輪廓、生動豐富的面部表情、精確細膩的臂姿手勢，維妙維肖地記錄了時人博戲時的情景，具有極强的戲劇性感染力。銅俑多以球、柱圓面造型，樸素簡潔，有着高度的藝術概括力，是傑出的漢代銅雕作品。

秦漢六箸博的博法有二人對局的，也有四人對局的。這組博戲四人俑表情殊異，姿態迥然，當爲四人對局類型。（張東輝）

一三五　三戲俑

西漢中期
高五厘米
一九六五年江蘇漣水三里墩出土
南京博物院藏

一男二女三戲俑，作環抱狀，俑皆裸體，束髮髻，或披髮。

一三六　騎馬俑

西漢中期
高六·二厘米
一九六八年河北滿城陵山中山靖王劉勝妻竇綰墓出土
河北省博物館藏

騎馬俑面向左側，身著短衣，披髮左衽，雙手握拳置于胸前。身下有一小圓釘，以插入銅馬背上的小圓孔中。小銅馬作昂首站立狀，雙目炯炯，鼻翼外突，兩耳聳起，尾巴上翹繼而下垂。整個器物造型生動逼真，比例勻稱，製作精美。（徐志芬）

一三七　鎏金騎馬俑

西漢早期
高五九、長六一厘米
一九七二年廣西西林普馱出土
廣西壯族自治區博物館藏

馬站立，昂首嘶鳴，肌肉豐滿，四肢剛健。俑戴帽短衣，穿袴着靴坐于鞍上，雙手平舉作勒繮狀。通體鎏金，惜大部已剝落。

本圖攝影：王夢祥

一三八、一三九　羽人器座

西漢晚期
高一五·三厘米
一九六六年陝西西安南玉豐村出土
西安市文物保護考古所藏

羽人作跪坐狀，大耳披髮，尖鼻闊嘴，眉骨、顴骨隆起。着無領右衽長衣，束帶，赤足。背部有雙翼，膝下也有垂羽。雙膝間有半圓形凹穴，用以插物，羽人雙手作捧持狀。羽人形象在漢代畫像中多見，應與當時流行的神仙思想有密切的關係。

一四〇　鎏金羽人器座

東漢
高一五·五厘米
一九八七年河南洛陽東郊出土
洛陽市文物工作隊藏

此羽人形象與西安南玉豐村所出羽人器座如出一範，極其相像，唯通體鎏金，且手持一中空長方體、圓柱體的連體插物架，由此可知西安的羽人器座原亦應有一相似的插物架。

一四一　馬與馭手

西漢早期
馬高一一五·五、長一〇九厘米，俑高三九厘米
一九八〇年廣西貴縣風流嶺出土
廣西壯族自治區博物館藏

馬爲雄性，由頭、軀干、尾、四肢、尾等九段裝配而成，連接處爲子母口，有銷孔。馬昂首豎耳，翹唇露齒，鼻孔圓張，作嘶鳴噴氣狀。右前蹄提起，作行走狀。馭者爲一絡鬢老者，高鼻深目，戴冠，長袍，披甲。雙手平舉握拳，雙腿跽坐作持繮馭馬駕車狀。此墓曾經盜掘，據馬及馭者姿態，原本應有一車。

一四二　馬車

東漢中期
馬高八八、長四五厘米，車高六九、長九五厘米
一九七五年貴州興義萬屯出土
貴州省博物館藏

車駕一馬。馬由頭、耳、頸、身軀、尾、四肢等十一段裝配而成。馬曲頸俯首，左前肢提出，作行走狀。車由轅、衡、輗、輿、輪、篷蓋等部件組成。轅、衡、輗連而爲一，前端駕馬，後接車輿。輿爲長方形，上有覆瓦形篷，飾簟席紋和雲紋。

一四三　牽馬俑

東漢晚期
馬高五一·五、俑高四三·七厘米
一九七六年湖南衡陽道子坪出土
湖南省博物館藏

俑闊目濃鬚，垂耳有珥，戴帽着履，身穿右衽長袍，腰間束帶，右手上揚作牽馬狀。馬首勒、銜、轡俱全，兩耳招風，頭飾雄勝，翹尾有結，前肢挺立，後肢彎曲，欲行之態躍然而出。

一四四　車馬儀仗俑群

東漢晚期

一九六九年甘肅武威雷台出土

甘肅省博物館藏

俑群出自張姓將軍墓，是一組排列有序的車馬出行儀仗俑，共有銅車十四輛，銅馬三十九匹，銅牛一頭，騎車俑十七件，奴婢二十八件。其中部分有銘文，説明其身份。該俑群對研究當時的禮儀制度具有重要價值。

本圖攝影：趙廣田

一四五　主騎

東漢晚期

高四四、長四一．五厘米

一九六九年甘肅武威雷台出土

甘肅省博物館藏

係墓主人的騎乘。較同出其他馬匹的形體爲大，龍首鳳頸，氣勢軒昂。四足立地，右前蹄微微向前，似在緩步行進。馬頭雙耳間飾有「雄勝」，張口作嘶鳴狀。背懸韉片，上有陰線刻後施以彩繪的「天馬行空」圖案，已模糊不清。

（劉志華）

一四六　從騎

東漢晚期

高三九．五厘米、長三七厘米

一九六九年甘肅武威雷台出土

甘肅省博物館藏

係墓主人的備用騎乘。馬頭右偏，張嘴翹尾。馬左前腿懸提，作行走狀。

（劉志華）

一四七　騎俑

東漢晚期
俑高二七・四厘米，馬高三九、長三三・五厘米，戟長一九厘米
一九六九年甘肅武威雷台出土
甘肅省博物館藏

係護衛騎兵俑群之一。全隊共十七騎。馬四足立地，頭略昂，雙耳間飾有「雄勝」，張嘴翹尾。馬背置鞍，騎士俑跨坐其上，抬頭挺胸，右手持戟，面容威嚴。

（劉志華）

一四八　斧車

東漢晚期
長三四、寬四〇厘米
一九六九年甘肅武威雷台出土
甘肅省博物館藏

係車隊之前導車。車雙轅前伸仰曲，連衡帶軛有軾。兩輪重轂，各有輻條十二根。輿軾中部插有一斧，輿底鏤空成菱形紋格。據《後漢書・輿服志》，千石秩別以上官吏，導從置斧車，象徵權力。

（劉志華）

一四九　軺車

東漢晚期
長四〇・七、寬四一厘米
一九六九年甘肅武威雷台出土
甘肅省博物館藏

係墓主人所乘坐之軺車。車雙轅前伸仰曲，連衡帶軛有軾。兩輪重轂，各有輻條十二根。輿軾中部插有傘蓋。車輿兩側原懸有紅色織物爲轓，已佚。據《後漢書・輿服志》，官吏秩別二千石以上，乘車「朱兩轓」。

（劉志華）

一五〇　輂車

東漢晚期
長六六・七、高三一・四厘米
一九六九年甘肅武威雷台出土
甘肅省博物館藏

係儀仗扈從輂車之一。輂車前輈後軝，雙輈前伸仰曲。兩輪高大，各有輻條十二根，車輿長方形。據輈馬胸前陰刻銘文，可知此車爲主人親屬所乘。

（劉志華）

一五一　錯金銀鑲嵌狩獵紋車飾

西漢早期
長二六・五、徑三・六厘米
一九六五年河北定縣三盤山出土
河北省博物館藏

圓筒竹節形，中空，由中間分爲兩段，以子母口套接。或以爲是古代車上的傘鋌。以金銀錯出紋飾，用黑漆填補空隙，磨錯光平，并以菱形綠松石和圓形寶石鑲嵌其中，色彩輝煌。紋飾依竹節可分爲四段，第一段以三人騎象爲主，山石間有奔馳的馬、鹿、兔、熊，以及飛翔的仙鶴、雁、鷹等。第二段以一騎士反身引弓射虎爲主，山巒間有熊、鹿、羚羊、野牛、猿猴，還有飛鳥、鴟鴞等。第三段以一人騎駱駝爲主，輔以虎噬豕，以及熊、鹿、兔、立鶴、飛鳥等。第四段以一正在開屏的孔雀引頸長鳴爲主，輔以虎捕牛，以及熊、鹿、猴、鶴、飛鳥等。四段紋飾主題不盡相同，但都描繪了生氣盎然的大自然景象，以及人類的狩獵活動，構成了一幅既富于神話意味又源于實際生活的精美畫面。這件車飾工藝精湛，裝飾華麗，是一件難得的藝術珍品。

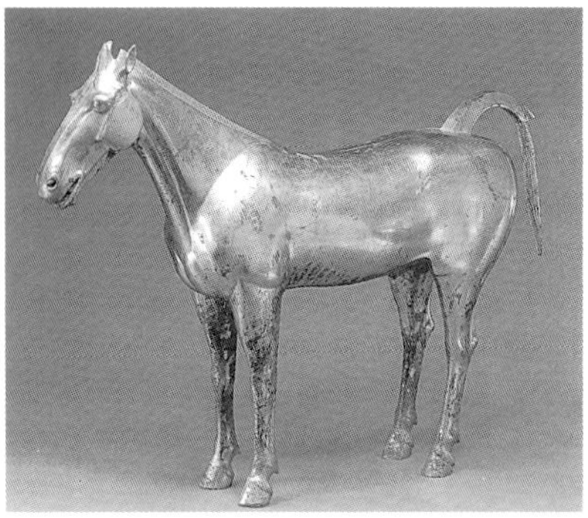

一五二　鎏金鑲嵌龍首形轅飾

西漢中期

器長二〇、口銜銎管徑三·二、頸寬三·六五高厘米

一九六八年河北滿城陵山中山靖王劉勝墓出土

河北省博物館藏

器作龍首形，鼻長扁而前伸，雙齒緊閉，雙目飽滿有神，口銜銎管，銎管上有小銷孔，兩角自然卷起，頸中空，斷面呈馬蹄形，下有銷孔，頸銎中遺有朽木殘段，結合出土情況，當爲車轅前端的裝飾，該器通體鎏金，并點綴鑲嵌瑪瑙和綠松石。龍的造型、鎏金及鑲嵌技術的應用，使器物顯得華麗富貴，而又不失其穩重，該器集實用價值與藝術價值于一體，無疑爲漢代車馬器中的一件珍品。

（申獻友）

一五三　鎏金狩獵紋當盧

西漢中期

器長二五·三、上寬一三·七厘米

一九六八年河北滿城陵山中山靖王劉勝妻竇綰墓出土

河北省博物館藏

正面以鎏金銀襯地，上淺雕并加鎏金成紋飾，一內郭線將圖案分爲內外兩組，外圍一組的下部是一條張口吐舌、身軀柔曲的蟠龍，其上雲間有朱雀、野猪及各種怪獸。內部一組除飾以流雲、怪獸外，又逼真地勾描出一幅狩獵圖：獵人高鼻，頭戴尖帽，身著對襟短衣，挽褲及膝，右手執弓，左手拉弦，瞄准一動物作射獵狀。圖案布局嚴謹，線條流暢，形象生動。

（申獻友）

一五四　鎏金馬

西漢中期

高六二、長七六厘米

一九八一年陝西興平豆馬村出土

茂陵博物館藏

馬作站立狀，昂首，豎耳，鬃色清晰，造型比例勻稱，形態雄健。通體鎏金，極顯富麗華貴。同出銅器，多數有銘文「陽信家」，應爲帝室貴族所有。

一五五　立馬

西漢中期
高三七、長七二厘米
一九七四年四川大邑吳墩子出土
四川省博物館藏

馬作站立狀，昂首豎耳，張口露齒作嘶鳴狀。線條圓渾柔和。

一五六、一五七　鎏金動物

東漢晚期
馬高五・九、長六・二厘米
象高三・五、長四・二厘米
鹿高八・六、長六・七厘米
牛高四・八、長七厘米
一九七四年河南偃師李家村出土
河南博物院藏

同出共有馬一件，牛四件，羊一件，象四件，鹿二件，均鎏金，出土時置于一酒樽內。此四件作佇立狀，各具神態。其中馬昂首張口似欲嘶鳴，馬身飾勒帶及雲紋。

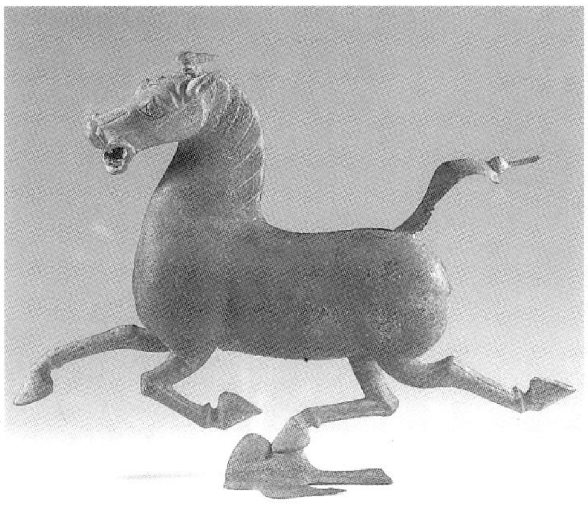

一五八　奔馬

東漢晚期
通高三四・五、長四五厘米
一九六九年甘肅武威雷台出土
甘肅省博物館藏

馬作凌空奔馳、昂首嘶鳴、三足騰空、一足超掠鳥背狀。馬頭狹長清癯，飾羽勝，眼大、耳薄、口裂深，鼻翼翕張。頸項粗壯，鬃毛披卷。胸肌凸鼓，臀腹緊圓，尾結高揚。四肢强勁、腕細蹄大，右後足超掠一展翅疾飛、回首驚顧的飛鳥。飛鳥目似鷹隼，雙翅如燕，尾羽齊頭收束，上有凹孔。

奔馬構思精妙絶倫。以超掠鳥背，表現奔馬的力速兼備、形神俱佳，以飛鳥驚顧，襯托奔馬凌空騰越、遨游太空的天馬特質。巧妙運用力學平衡原理，解決了奔

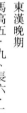

馬三足騰空的落點與支點。奔馬矯健、驃悍，行馳爲對側步，集河西走馬、大宛馬、蒙古馬等馬種的優點于一身，顯係按良馬式標準所塑。再現了駿馬奔馳的最美妙瞬間和意境，蘊含着深邃的思想內涵和永恆的藝術魅力，是中國青銅器雕塑藝術中的不朽傑作。

（張東輝）

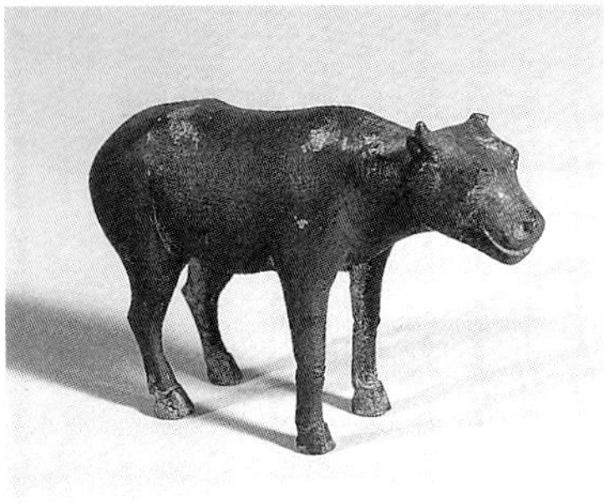

一五九　立馬

東漢晚期
高一一六、長七〇厘米
一九八一年河北徐水防陵二號墓出土
保定地區文物管理委員會藏

馬作佇立狀，張口露齒，翹鼻，巨目微凸，豎耳直立，腰圓體壯，造型威武。

一六〇　獨角獸

東漢晚期
高二四·五、長七四·七厘米
一九五六年甘肅酒泉下河清出土
甘肅省博物館藏

獨角帶刺，俯首頷胸，張口吐舌，前肢挺立，後肢彎曲，扁尾向上高舉，似欲作衝刺狀。通體飾鱗甲紋，形象威武勇猛。獨角獸即傳説中的神獸——獬豸，據説能辨別是非，驅邪避祟。

一六一　立牛

西漢中期
高四·四厘米
一九六八年河北滿城陵山中山靖王劉勝妻竇綰墓出土
河北省博物館藏

銅牛四肢直立，嘴微張，鼻孔較大。眼睛自然睜開，身軀渾圓，尾巴較短，牛首作向前凝視狀，造型逼真，反映出我國古代高超的工藝技巧。

（徐志芬）

一六二　鑲嵌綠松石卧鹿

西漢中期
高五二、長二六厘米
一九六五年江蘇漣水三里墩出土
南京博物院藏

鹿作屈肢蜷卧休憩狀，雙角細長高聳，舉首直頸，豎耳睁目前視，貌甚警覺。軀體鑲嵌有綠松石。同出有銅鏡一面，或以爲此鹿可能是鏡架。

一六三　鎏金熊鎮

東漢
高五·一、寬四厘米
一九五二年安徽合肥建華窰廠工地出土
中國歷史博物館藏

熊呈蹲坐狀。首向前探，張口直視，雙耳并立，前肢自然抬起，後肢彎屈，下有一短尾。器表受土浸蝕鎏金部分脱落。造型生動，憨態可掬，多爲鎮席之用。

本圖攝影：王露　（辛立華）

一六四　虎熊搏鎮

西漢
高四厘米
甘肅天水出土
甘肅省博物館藏

造型爲一虎一熊扭作一團，相搏相噬。虎兩眼圓睁，前足踩熊後胯内側，尾巴收卷，張口咬扯熊前胸。熊仰翻在地，左前肢猛力按壓虎頭頸部，後足蹬着虎的肩胛，張嘴暴睛，竭力挣扎。此鎮造型逼真生動，雕琢細膩傳神，二猛獸撲翻跌滚、弓曲抵壓的四肢動態及骨胳肌理均刻畫得一清二楚，是漢代銅雕的佳品。

（張東輝）

一六五　龜形鎮

西漢晚期

高六・三、長一三・九厘米

一九八四年山西朔縣出土

平朔考古隊藏

卧龜形，龜首揚起，兩側刻有鱗甲，爪微露，平底。腹內中空，背嵌虎斑貝。

本圖攝影：李建生

一六六　錯金銀鑲嵌豹形鎮

西漢中期

器高三・五、長五・九厘米

一九六八年河北滿城陵山中山靖王劉勝妻竇綰墓出土

河北省博物館藏

豹作蜷卧狀，昂首張口，長尾從腹部向脊背彎卷，平底。身軀用金銀錯出梅花狀豹斑。頭、足和尾部鏨作點狀紋，口部塗硃，兩目鑲嵌白瑪瑙，但由于粘合料中調有朱紅色顏料，故出現紅色。豹體內灌鉛，以使其更加穩重，整器製作精緻，造型新穎，高超的錯、嵌工藝，使豹體顯得栩栩如生。

（申獻友）

一六七　樂伎帶鈎

西漢中晚期

長九・四厘米

一九八三年江蘇揚州平山出土

揚州市博物館藏

鈎頭爲獸首，鈎體呈七弦瑟，瑟旁坐二人，一人鼓瑟，一人吹笙。形象生動有趣。

一六八　競渡紋鼓

西漢早期
高三六・八、面徑五六・四厘米
一九七六年廣西貴縣羅泊灣出土
廣西壯族自治區博物館藏

鼓面小于胸徑，束腰，胸、腰間設辮紋小扁耳兩對。鼓面共十二暈，太陽紋十二芒，第二至四暈爲點紋夾同心圓紋，第五暈爲變體勾連雷紋，第七暈爲翔鷺銜魚圖，第八至十二暈和胸上部、腰下部均爲點紋、鋸齒夾同心圓紋。胸部飾有六艘船，每船六人，皆戴冠、裸體。船間有鷺、梟、龜等動物。船底裝矛。腰飾舞人，戴冠，頭上有翔鷺銜魚紋。足刻「百廿斤」銘。

一六九、一七〇　五銖錢紋鼓

西漢晚期
高五七・二、直徑九〇厘米
一九五四年廣西岑溪出土
中國歷史博物館藏

鼓面飾六個立體青蛙，中心有太陽紋十二芒，鼓面及周身用五銖錢作爲裝飾，是西漢宣帝、元帝（前七三至前三三年）時流通的五銖錢樣。用五銖錢作爲銅器的裝飾，在當時中原地區也很盛行。這個銅鼓以五銖錢爲裝飾，説明了自古以來西南地區各民族和中原交往的密切。

本圖攝影：孫克讓

一七一　文帝九年鈎鑃

西漢中期
最大件高六四厘米，最小件高三七厘米
一九八三年廣東廣州象崗出土
南越王墓博物館藏

一套八件，器形相同。上大下小，口部呈弧形，舞面平整，柄作扁方形實柱體，上寬下窄。形體厚重，一面外壁刻銘兩行八字「文帝九年樂府工造」，其下每件分刻「第一」至「第八」編號。

此器爲南越國樂府所鑄，文帝當指第二代南越王，「文帝九年」即西漢武帝元光六年（前一二九年）

一七二　人面紋羊角鈕鐘

西漢早期
高一九厘米
一九七六年廣西貴縣羅泊灣出土
廣西壯族自治區博物館藏

呈半橄欖形，上小下大，上端開長方形孔，頂爲羊角鈕。鐘面飾人面紋，頗爲奇特。

本圖攝影：王夢祥

一七三　鎏金鑲玉雙龍枕

西漢中期
長四四·一、高一七·六、寬八·一厘米
一九六八年河北滿城陵山中山靖王劉勝墓出土
河北省博物館藏

枕身長方形，兩端飾以高昂的龍首，四矮足作龍爪形。鎏金，并嵌有透雕及淺浮雕圖案玉飾。枕面兩側棱上各飾身軀修長的淺浮雕式雙獸。枕的下部邊緣飾淺浮雕式流雲紋。枕面及兩側鑲有透雕和陰線輔雕花紋的玉飾，枕面爲圖案化雲紋，枕側飾怪獸紋。枕兩端和龍首上鑲嵌各種形式的玉飾。枕底粗糙，有四個長方形孔，孔上嵌玉四塊。枕底另行製成，安裝在枕下。出土時枕內有花椒。此枕造型美觀，裝飾華麗，當爲漢代之藝術珍品。

（趙衛平）

一七四　鎏金鑲玉雙獸枕

西漢中期
長四一、高二〇·二、寬一一·一—一一·八厘米
一九六八年河北滿城陵山中山靖王劉勝妻竇綰墓出土
河北省博物館藏

枕身長方形，中空，横截面呈梯形。兩端飾以高昂的獸首，頭部有雙角，前足

分飾兩側。外表鎏金，并鑲嵌玉飾。從玉飾的形狀及花紋觀察，係用玉璧改製而成的。枕面鑲嵌長方形玉飾兩塊，上刻渦紋；兩側嵌長方形玉飾各一塊，上刻獸面蒲紋；兩端各嵌一渦紋梯形玉飾。以上玉飾中心皆有圓孔，枕端獸首的頸部、腦後和額部也分別嵌有梯形、長方形、三角形玉飾。出土時在枕面上還留有明顯的絲織品痕跡。枕內有花椒。

（趙衛平）

一七五　鎏金屏風轉角神人托座

西漢中期

高三一·五、横長一五·八厘米

一九八三年廣東廣州象崗出土

南越王墓博物館藏

此爲一座漆木大屏風的構件。托座爲一跽坐神人形象，圓目高鼻，口露四顆獠牙，身着右衽短衣、短褲，跣足，頭頂屏風轉角構件。神人口銜一條兩頭蛇，兩手向後各操一蛇，兩腿也各夾一蛇，五蛇相交纏。後有垂向透雕雲紋，屏風展開後，用作撑地的支點。通體鎏金，惜大部脱落。此神人之形象，應取自「越人操蛇」之傳説。

一七六　倉屋

西漢晚期

高三七·三、長七九·三厘米

一九七一年廣西合浦望牛嶺出土

廣西壯族自治區博物館藏

倉屋爲干欄形建築，一大間，置于一平台上，台下有兩排八柱爲支撑。屋正中開雙扇門，各有門環，門下有檻。懸山頂覆瓦，四壁有十字形寛帶，象徵楇架，前有走廊并設欄杆。此倉屋具有南方地區建築特點，是研究古代南方地區建築史的重要實物資料。

一七七　倉屋

東漢
高三三·三、長四〇厘米
廣西梧州市郊大壙出土
梧州市博物館藏

干欄式建築，懸山式覆瓦頂，單扇門，設有門環，倉前有平台，台下有四柱支撑。

本圖攝影：王夢祥

一七八　鎏金鑲嵌獸形硯盒

東漢中期
高一〇、長二五厘米
一九六九年江蘇徐州出土
南京博物院藏

硯盒作蹲伏神獸形，龍首蛙身，有雙翼。張口露齒翹鼻，雙目前視，兩角後伏，背上設一鈕。通體鎏金，飾雲氣紋，鑲嵌有紅、綠、藍各色寶石。盒內有石硯，附柱形研石。此硯盒造型奇特，構思精巧，裝飾華貴，極其罕見。

一七九　柿蒂形鎏金棺飾

東漢晚期
長四九·二、寬四八·四厘米
一九六九年甘肅武威雷台出土
甘肅省博物館藏

係釘于棺木兩頭的飾品。薄銅片鏤空出圖形，陰線刻出仙山雲氣及神獸類花紋。

（劉志華）

本書編輯拍攝工作，承蒙以下各單位予以協助和支持，謹此致謝。

中國歷史博物館
故宮博物院
首都博物館
上海博物館
遼寧省博物館
河北省博物館
河北省保定地區文物管理委員會
山西省博物館
山西省考古研究所
山西省平朔考古隊
陝西歷史博物館
陝西省秦始皇兵馬俑博物館
陝西省西安市文物保護考古所
陝西省臨潼市博物館
陝西省茂陵博物館
陝西省咸陽市博物館
甘肅省博物館
河南博物院
河南省鄭州市博物館
河南省洛陽市文物工作隊
山東省淄博市博物館
山東省臨淄齊國故城遺址博物館
山東省蒼山縣文物管理所
南京博物院
江蘇省揚州市博物館
江蘇省徐州市博物館
安徽省蕪湖市博物館
湖北省雲夢縣博物館
湖南省博物館
廣西壯族自治區博物館
廣西壯族自治區梧州市博物館
廣東省廣州市博物館
廣東省南越王墓博物館
四川省博物館
貴州省博物館
美國弗利爾美術館
所有給予支持的單位和人士

責任編輯　張囤生
封面設計　仇德虎
版面設計　張囤生
攝　　影　劉小放
　　　　　樊申炎
　　　　　李　凡
　　　　　鄭銘禎
　　　　　張　慧
　　　　　郭　群
圖版說明　周　亞
　　　　　馬今洪
責任印製　蘇　林
責任校對　周蘭英

圖書在版編目（CIP）數據

中國青銅器全集．第12卷，秦漢 / 《中國青銅器全集》編輯委員會編．—北京：文物出版社，1998.12
（2018.7重印）
（中國美術分類全集）
ISBN 978-7-5010-1043-1

Ⅰ．①中…　Ⅱ．①中…　Ⅲ．①青銅器（考古）-中國-秦漢時代-圖集　Ⅳ．①K876.412

中國版本圖書館CIP數據核字（2013）第082719號

中國美術分類全集

中國青銅器全集

第12卷　秦漢

中國青銅器全集編輯委員會編

出版發行者　文物出版社
（北京東直門内北小街二號樓）
http://www.wenwu.com
E-mail:web@wenwu.com

責任編輯　張囤生
再版編輯　李紅谷雨
排版者　北京迅即印刷有限公司
製版者　蛇口以琳彩印製版有限公司
印刷裝訂者　中國鐵道出版社印刷廠
經銷者　新華書店

一九九八年十二月第一版
二〇一八年七月第四次印刷
書號　ISBN 978-7-5010-1043-1
定價　三五〇圓